与老师们共勉

姜斐校长将近年来办上海市昆明学校经验认真梳理，结集付印，冠名为《做精神澄澈的良师》，嘱我说几句，与老师们分享为党育人、为国育才的美好追求与责任担当。

当前要办强办优新时代基础教育必须以教育家精神为引领，在理想信念、道德情操、育人智慧、躬耕态度、仁爱之心、弘道追求六方面结合学校岗位的实际学思践行，教师胸怀躬耕教坛、强国有我的抱负，充分发挥内在潜能，就能创造立德树人的新气象、新佳绩、新经验。

与老师们共勉，热爱学生，精心教学，努力学习，奋然前行。

一名94岁的老教师 于漪
2023年11月20日

特色学校聚焦丛书　丛书主编　杨四耕

做精神澄澈的
教师

娄　斐◎著

华东师范大学出版社

·上海·

图书在版编目（CIP）数据

做精神澄澈的教师 / 娄斐著. -- 上海：华东师范大学出版社，2025. --（特色学校聚焦丛书）. -- ISBN 978 - 7 - 5760 - 5543 - 6

Ⅰ. G635.12

中国国家版本馆 CIP 数据核字第 2025GE5517 号

特色学校聚焦丛书

做精神澄澈的教师

丛书主编　杨四耕
著　　者　娄　斐
责任编辑　刘　佳
项目编辑　林青荻
审读编辑　林青荻
责任校对　宋红广　时东明
装帧设计　卢晓红

出版发行　华东师范大学出版社
社　　址　上海市中山北路 3663 号　邮编 200062
网　　址　www.ecnupress.com.cn
电　　话　021 - 60821666　行政传真 021 - 62572105
客服电话　021 - 62865537　门市（邮购）电话 021 - 62869887
地　　址　上海市中山北路 3663 号华东师范大学校内先锋路口
网　　店　http://hdsdcbs.tmall.com

印 刷 者　上海昌鑫龙印务有限公司
开　　本　787 毫米 × 1092 毫米　1/16
印　　张　16.75
插　　页　1
字　　数　161 千字
版　　次　2025 年 3 月第 1 版
印　　次　2025 年 3 月第 1 次
书　　号　ISBN 978 - 7 - 5760 - 5543 - 6
定　　价　56.00 元

出 版 人　王　焰

好学校的性格色彩

这些年,我与中小学、幼儿园有许多"亲密接触"。从这些学校中,我发现了一个"秘密":好学校总有自己的性格色彩,总有自己的精神属性。

好学校有丰富的颜色

好学校一年四季都有风景。春天,你走进它,有各色花儿,红的像火,粉的像霞,白的像雪。夏天,你置身其中,绿草茵茵,就算骄阳似火,也有阴凉。孩子们可以踢球、打滚,可以任性。秋天,你老远就可以看到,枫叶红了,橘子黄了,婀娜多姿。冬天,你靠近它,香樟绿环绕着你,垂柳枝笼罩着你,你不会觉得单调。当然,环境的价值不在于"装扮",而在于让心灵沉静,让生命多彩。它是生命哲学的演化,是内心深处的讴歌与赞美。法国思想家卢梭说教育的核心是"归于自然"——回归"自然状态",回归人之原始倾向。善良总存在于纯洁的自然之中。好学校总是拥有自然的纯净与原始美,它努力让孩子们与美好相遇。静谧,美好——好学校是温润的。

好学校有足够的成色

成色是衡量一所学校教育境界的一个指标,是一所学校的"育人"含金量。如果一所学校的含金量定位为考试成绩,它的成色就是混浊的;如果一所学校的含金量定位为立德树人,它的成色就是清纯的。黎巴嫩诗人纪伯伦说过:"我们已经走得太远,以至于忘记了为什么而出发。"教育是为着我们不曾拥有的过去,为着我们不曾经历的当下,为着我们不曾想到的未来。教育之原点在激发想象,而不仅仅是学习知识;教育之原点在发展理性,而不仅仅是讲授道理;教育之原点在鼓励崇高,而不仅仅是理解规范;教育之原点在丰富经历,而不仅仅是掌握技艺;教育之原点在温暖心灵,而不仅仅是强化记忆;教育之原点在强健身心,而不仅仅是发展智能;教育之原点在点亮人生,而不仅仅是预知未来。回归原点,是好学校的立场。不功利——好学校是纯粹的。

好学校有优雅的行色

优雅是让人向往的,有来源于生命本身的气质。每一个人都行色匆匆,孩子们被课业压得喘不过气来,教师被成绩比较而形成优劣阵营,这样的学校就不会是一所好学校。什么是好学校?孩子们表情舒展,教师们精神敞亮——每到一所学校,我总喜欢以这样的眼光去观察师生的生命状态。我发现,在好学校,孩子们的脸总是明晃晃的,有美好期待;教师的行色总是从容优雅,有专业自信。女孩子清新可人,男孩子风度翩翩,生命在人性层面焕发出动人光彩。一句话,每一个生命都自然而然地生长,这里有一种难以言说的气息在校园里弥漫开来、传播出去。面对此,我只能说:好学校是舒展的。

好学校有鲜明的特色

办学特色是一所学校整体呈现出来的系统性特征,集中表现在基于学校文化的课程体系。学校办得好不好,不在于规模有多大,而在于特色是否鲜明,是否有足以体现自己文化的课程架构。好学校行走在有逻辑的课程变革之路上,努力让学校课程富有倾听感,关注学生的学习需求;拥有逻辑感,建构严密的而非拼盘的课程体系;嵌入统整感,更多地以整合的方式实施而非简单地做加减法;饱含见识感,以丰富学生的学习经历为取向;提升质地感,课程建设触及课堂教学变革,课堂教学呈现出新的文化样态。一句话,好学校课程目标凸显内在生长,课程内容突出学习需求,课程结构强调系统思维,课程实施张扬生命活性,课程评价与管理彰显主体向度。好学校关注学习方式的多变性和场景性、学习时间的灵活性和可支配性、学习空间的多元性和舒适性、学习资源的丰富性和易得性,让所有的时空都成为课程场景,让孩子们学习作品的形成、展示、发布、分享成为校园里最美的景观,让时空展现出生命成长的气息和灵动。是啊,好学校有生命里最美好的记忆。

好学校有厚重的底色

厚重的底色不在于办学时间长短,而在于拥有强烈的文化自信。进入学校,我喜欢看墙上的"文字"。多年经验告诉我,文化不在墙上,很多时候,墙上的文字越多,学校的文化含量越低。道理很简单,大量文字堆放在墙上,说明这种文化还没有被老师们普遍认同,更谈不上内化于心、外化于行;说明这种文化还缺乏影响力,还没有被大众广泛接受,需要宣示和传播。一所学校是否拥有自己的教育哲学,是否拥有自己的教育信仰,是它"底色"如何的重要侧面。毫无疑问,好学校应该有自己的教育信仰。但是,教育信仰不是文字游戏,不是专家赐予的东西。信仰是从内心深处生长出来的,是从脚底下走出来的,是从指尖流淌出来的,是慢慢地生长、慢慢地走出来、慢慢地流淌出来的东西。唯有"慢慢地"才能"深深地","深深地"才能"牢牢地",扎下根来,进入我们的灵魂,融入我们的血液,成为我们生命的构成,成为我们前行的力量。文化总是无言或少言,但让人作出判断和选择。好学校,你一走进去,一种向往感、追慕感、浸润感便油然而生。因此,好学校是柔软而有力的。

美国思想家梭罗在《种子的信仰》一书中把好学校比喻为"一方池塘",每一个孩子在其中如鱼得水,自由自在,这就是"回归自然"的状态。不是吗? 好学校总是这样的——温润,纯粹,舒展,美好,柔软而有力——这也是本套丛书聚焦的一批学校的性格色彩。

杨四耕

2023 年 2 月 21 日于上海市教育科学研究院

目 录

第一章　师德境界：把澄澈的爱献给祖国／ 1

　　爱,心之所向。教育之爱,大而无私。"学为人师,行为世范",是为师者应有的追求。对教育事业的热爱,对儿童的关爱,是为师者应有的理念。立于三尺讲台,默默耕耘,行而不辍,把澄澈的爱献给祖国,把纯粹的爱给予儿童,实现为人师的价值。

第二章 丰富心灵：给予每一个孩子坚持到底的力量/ 27

愚公移山贵在坚持，绳锯木断贵在坚持，水滴石穿贵在坚持。我们应该眼看前方，坚持不懈地踏踏实实地走好每一步，不急于求成，不拔苗助长。教育不是一蹴而就的事，教育需要教师无私的爱，需要教师全身心地投入，需要教师不断地探索。教育贵在坚持、难在坚持、成在坚持。好的教育，好的学校，好的课程，总是给予每一个孩子坚持到底的力量。

第三章 因材施教：我们与世界只差一个你/ 101

教是为了不教，学是为了成长。每一个孩子都是真实的、鲜活的个体，成长的标准因人而异。教育不仅仅是传授知识，更是发掘生命的潜能。因材施教，就是为了让每一个孩子都能绽放自己的光芒，展示自己的风采。为此，我们采取问题链教学、数字化教学、场景式学习、弹性化作业等多样的教学方式，让学生形成自己的成长逻辑，实现生命价值。

第四章　温暖人性：在灵魂拐弯的地方 / 129

　　人性作为人的本质属性，是构成教育实践活动的重要前提。教育过程既要满足人性的需求，又要生成与改善人性，最终期待的不仅是在实践活动中力图去超越生存境遇，努力创造更好生活的人，而且是不断去探寻人的存在价值、意义、理想和目的，寻找精神超越的人。真正的教育应当是为"人"的教育，应该是温暖人性的。有这份温情在心，就有一份责任在身，它将伸展入学生的心灵，越来越贴近学生的成长，让学生在询问、发现、欣赏的过程中获得自我教育与自我完善。

　　扎实的学识、深刻的洞察，是一名优秀教师的重要能力。这些能力的获得，需要一辈子的工夫。这就是"人民教育家"于漪老师所说的"一辈子做教师，一辈子学做教师"。这一观点深刻揭示了教师专业发展的真谛，那就是做教师，学做教师，用一生的时间守望儿童的成长。在我们学校，教师的实践智慧蕴含在"学""做""恒"的"三字经"里。

　　文化与制度是共生的伙伴，刚柔并济，相得益彰。制度宛如磐石，为秩序奠定基石；文化犹如春风，为精神注入活力。在我们学校，制度是大家共同智慧的结晶，每一个人都是制度的守护者与实践者。教师是学校文化的灵魂所在，他们不仅积极参与学校文化的塑造，而且是学校文化的典范。在这里，每一个人都用自己的言行诠释着学校文化的深刻内涵。

与老师们共勉 / 于 漪

娄斐校长将近年来办上海市昆明学校的经验认真梳理，结集付印，冠名为《做精神澄澈的教师》，嘱我说几句，与老师们分享为党育人、为国育才的美好追求与责任担当。

当前要办强办优新时代基础教育，必须以教育家精神为引领，在理想信念、道德情操、育人智慧、躬耕态度、仁爱之心、弘道追求等方面结合学校岗位的实际学思践行，教师胸怀躬耕教坛、强国有我的抱负，充分发挥内在潜能，就能创造立德树人的新气象、新佳绩、新经验。

与老师们共勉，热爱学生，精心教学，努力学习，奋然前行。

一名 94 岁的老教师于漪

2023 年 11 月 20 日

序 二

追寻教育家精神,教师群体努力走向卓越

　　2023 年教师节前夕,习近平总书记致全国优秀教师代表的信中倡导弘扬教育家精神,并从理想信念、道德情操、育人智慧、躬耕态度、仁爱之心、弘道追求六个方面完整阐述了教育家精神的内涵,为教师群体走向卓越树立了标高。

　　教师应该以何种姿态面对学生,立足于社会呢? 唐代韩愈在《师说》一文中说"师者,所以传道受业解惑也"。伟大的人民教育家陶行知更是用八个字进行了归纳——"学高为师,身正为范",并明确提出:教师必须具有健康的体魄,农人的身手,科学的头脑,艺术的精神,社会改进的精神。这些古代先哲与教育家的名言对今天教师的道德品性、学识能力提升是否仍有指导作用呢? 答案是肯定的。因为学校仍然是青少年集体教育的主要场所,学生在这里获得知识、培养能力;开始同伴教育、社会性教育;激发梦想,培养志趣;形成规则,获得自尊;培养品性,逐步形成正确的价值观、人生观和世界观。他们的成长与成才必然需要教师启智润心。但进入新时期,教师队伍面临着极大的挑战,譬如科技革命提供丰富知识的同时也缩短了知识陈旧的周期;周围布满了高学历的群体;知识来源渠道多样化;信息技术与人工智能打破了惯有的学习方式;再加上现有的教育样态与日益增长的社

会对多样化、高品质教育的需求并不对等。因此,教师身份角色必须在传承中国教师职业优秀基因的同时,以一种崭新的形象被社会认可,被学生接受。那就需要追寻教育家的精神,用专业化建设做支撑,使教师群体变得更卓越。

走向卓越,教师需要把教育做成事业。"人民教育家"于漪在 2023 年教师节写下了以下一段话:"教师是一种职业,更是一种人生理想,培养莘莘学子成长、成人、成才,服务祖国,造福人民,是需要用整个生命去拥抱的伟大事业。"于漪老师是这样说的,更是以身作则这样践行的。此前有机会对于漪老师做了一次访谈。一个多小时的交流中,于漪老师的话语围绕着新时代教育改革与发展集中在三个话题上,那就是"有温度的教育、师德修养、良师的培养"。于老师坦言:人老了,除了脑子还行,身上的器件都坏了,连弯腰捡支笔都会骨折。看着眼前 94 岁的老人为了传播教育思想,硬是用贴满止痛膏的手,三天中写下了一万字的文章,就会明白教师工作不仅是职业更是事业。

走向卓越,教师工作要更加走向专业化。著名的教育家琳达·达林-哈蒙德在论教师教育时认为,教师专业由三个基本要素构成:专门知识;特殊技能;高度的使命感和责任感。教师应该具备的专业素养包括正确观念、大爱情怀、事业心、专业知识、专门能力、师德修养、学术规范、言行举止、待人接物等诸多方面,这些都是教师专业的共同的认知基础,并由此形成教师独有的高度理智性技术;以及个人与集体广泛的专业自觉和应用方式具体化了的伦理道德规范。但新时代教师要走向卓越,除了学科功底的本体性知识、求真务实的经验性知识、职业操守的条件性知识外,更需要跟上时代步伐,学习新知识、掌握新技能,有不断进取、努力创新的发展性知识,为祖国兴、为民族计做出贡献。上海戏剧学院学术委员会主任陆军教授是全国名师,从事戏剧创作和戏剧教学 40 年,受到文艺圈和广大师生的一致好评。他曾有一个遗憾,就是编剧理论都是借用国外的,缺少用中国编剧学话语讲好中国故事的创新。于是他于 2007 年在全国范围内首次提出了"编剧学"的概念,逐步形成学科体系,形成教师团队。在此基础上他创立"百、千、万字剧"编剧工作坊,立足上海,辐射全国,培养了大批专业和业余的编剧者,出了一大批名家名作。最近,陆军教授又带领全国高校劳模"黄大年式教师团队"朝着"出人才、出作品、出思想、出模式"的道路上继续前进。专业加上创新,才能使教育惠及更多人,也能更好造就教师队伍。

走向卓越,是需要乐教爱生的,但更需要依循教育规律和学生成长规律来科学育人。苏联著名教育家苏霍姆林斯基也许就是一个范例:他在繁忙的教学与管理工作的同时,以顽强的毅力,从事研究,探索规律,坚持写教育日记,先后对 3 700 多名学生做个案记录,能详尽说出 25 年中对 178 名"最难教育"的学生所进行的教育工作与学生曲折成长的过程。苏霍姆林斯基为我们提供了教师研究的一种范例,更提供了一个教师通过教育科研最终成为教育家的历程。

教育家夸美纽斯认为教师的职务是光荣的,"太阳底下没有再优越的"职务。科学家爱因斯坦说:使学生对教师尊敬的唯一源泉在于教师的德和才。我们期盼着新时代有更多的教师成为学生热爱的人、社会尊重的人、德艺双馨的人,追寻着教育家的足迹,成为卓越的人。

苏　忱

上海市教育学会副会长　教授

做"爱有恒常、业有恒进、理有恒时"的教师

2022年,面对中央的新部署、教育发展的新要求、课程实施中的新问题,教育部发布了2022年版义务教育课程方案和课程标准。伴随新课标的发布,新课程理念下的新教材实施势在必行,2024年新教材将在中小学全面实施。新的形势下如何做好一名教师? 在"双新"实施过程中,如何实现教研高质量发展?"双新"要求下,师资队伍建设工作如何更高效能地开展? 面对这些时代的新拷问,"昆明人"一直在思索,也不停在实践。

上海市昆明学校创建于1935年,是杨浦区一所办学历史悠久的九年一贯制学校,有着深厚的文化积淀和办学底蕴。学校创建之初为念华女子中小学暨稚儿园,1995年与打虎山路第二小学合并,更名为上海市昆明中小学,同年学校开始进行九年一贯制办学实验,探索中小学衔接的办学模式。2001年始,学校更名为上海市昆明学校,成为上海市二期课改实验基地。2003年,新榆学校并入。

学校一校两址,分别为打虎山路7号(总部)和大连路854弄20号(小学部)。现有小学教学班15个,初中教学班23个,中小学学生1 375人。现有在编人员122人,专技教师111人,其中区级骨干3人、区教育教学新秀2人、校级骨干11

人,高级教师 6 人,一级教师 57 人,二级教师 43 人;研究生学历 9 人。

近年来,学校对接杨浦创新实验区建设要求,抓住杨浦区教育综合改革的机遇,以创建老百姓满意的新优质学校为目标,践行"有恒"办学理念,坚持"以质量求生存,以特色谋发展"的办学思路,发挥"一体两翼"特色,注重内涵建设,深化办学品质,取得了一定的成绩。学校先后获得全国校园篮球特色学校、上海市文明单位、上海市学校体育先进单位、上海市行为规范示范校、上海市语言文字工作示范校、上海市数字教材试点校、上海市安全文明校园等荣誉称号。

办学理念是学校的根和魂。"有恒"是昆明学校的办学理念,这样的根和魂又是从何而来?《论语·述而》曰:"善人,吾不得而见之矣;得见有恒者,斯可矣。"意思是,一个优秀的人一定是"习恒心、行恒事、求恒远"的人,一定是始终如一保持美好品质的人。为此,昆明学校践行"有恒"文化,倡导每一个人都做有恒毅力的中国人,致力办一所童年永恒、幸福绵长的未来学校。历代"昆明人"都有共识,有恒就是做人有恒心、做事有毅力,教育则是毅力之源。一般意义上,教育需要毅力;终极意义上,教育就是毅力的汇聚,就是恒久的坚守。因此,有恒是教育的境界,教育是恒久的坚守。

恒毅力是一种基础性人格特征。何谓恒毅力?它是为了实现积极、重大且长远的人生目标与价值,需要付出的巨大激情和坚强毅力。没有激情的坚毅是漫长的苦役,没有坚毅的激情只是一时的澎湃。只有激情和坚持合二为一,贯彻始终,才是恒毅力。恒毅力是一种基础性、结构化的人格特质,需要从小开始循序渐进地培养。恒毅力的养成使人在漫长的人生旅程中持续地收获成就感、自尊感和幸福感,这种积极的影响与个人所选择的具体行业无关。恒毅力并不是一种或多种具体可见的实用技能,但它是使人不断掌握和发展具体学习、生产、社交的技能的基础。恒毅力是使人的潜力得以实现的重要条件,恒毅力的养成能促进健康的心理情绪，更容易形成对自我的积极评价。恒毅力可帮助实现多重的自我调节，对克服抑郁情绪有积极的作用，有利于建立对长远人生目标的坚定追求，以及提高适应不确定因素的能力。

恒毅力的培养是一个动态持续的过程，是个体在不同成长阶段的必修课程。有研究发现，恒毅力与成功的关联性预测超越了智商与天赋。成功要不断地突破自我能力与观念的局限，持续性地、有针对性地学习新知识与新技能，还要提升自己在困难条件下的情绪管理能力、独立自主性和创造性解决问题的能力。恒毅力是提升学习力的重要路径，更是提升幸福感的正面力量。我们把这样的恒毅力培养的过程称为"恒教育"。"恒教育"要求用积极和乐观的方式去面对挑战。这种积极的方式可以是积极的对长远目标及人生价值的笃定、积极的自我认知、积极的人际关系以及积极的情绪和行为管理。这是"恒教育"必定的价值追求。

那究竟什么是"恒教育"呢？在"昆明人"看来，"恒教育"应该是完整教育，倡导科学人文的有机统一；"恒教育"是个性教育，张扬生命个性；"恒教育"是创造教育，引领未来发展。"恒教育"是以培养恒毅力为目标，全面深入地开发学生潜在创造力，培养创造型人才的一种新型教育实践范式。"恒教育"的目的不在于促使儿童发展得更快，而是让其在发展的每一个阶段都获得丰富的生命体验，使他能充分地享受生命的每一刻。

"昆明人"心中的"恒教育"从实践维度来看，至少有以下几方面工作：一是"有恒德育"，德育要能洞见孩子们的心灵，关注儿童不同年龄段心理的健康成长；二是"有恒课程"，课程要有丰富体验，能根据儿童阶段性成长的不同特点让孩子们在课程学习中有真实的体验；三是"有恒课堂"，课堂能让孩子们的认知转化为智慧，关注儿童思维能力的成长和学习能力的培养；四是"有恒管理"，管理要有清晰的思路，能将复杂烦琐的问题简单智慧地处理好；五是"有恒校园"，要建设优美整洁的校园环境,关注环境整洁的同时更关注环境育人和文化传递的功能;六是"有恒教师",要打造一支精神明亮、昂扬向上的师资队伍,为高质量的"有恒教育"奠定基础;七是"有恒儿童",要培养持恒坚毅的儿童,树立大教育观,为中国式现代化建设塑造合格的人才;八是"有恒联盟",要建构家校共育的社群,为教育的现代化形成全方位的合力。

围绕"恒教育"理念,新一代"昆明人"提出了未来三年打造"质量上乘、校园和谐、特色鲜明"现代化优质学校的发展新目标。聚焦教师发展的痛点和短板,以教科研课题为抓手,引领、撬动学校整体改革,持续打造具有区域知名度和影响力的现代化九年一贯制学校。主要从四个方向来落实目标。首先是以"恒美文化"为抓手,提高教师参与学校治理的水平。发挥教师的主动性和能动性,加强教师对学校治理的参与度,实现"规范办学行为,建设安全、文明的校园;注入活动元素,建设团结、活泼的校园;注入文化因子,建设智慧、多元的校园"的管理追求,为学校各项事业的发展提供全方位保障。其次,以"恒毅力课程"为载体,完善教师的课程开发实施能力。着眼学生的全面发展和个性成长需要,有效整合课程资源,建构彰显"恒教育"理念和学校独特育人价值的课程体系。推动国家课程校本化落地,重点拓展和有益补充地方课程和校本课程,三类课程一体化实施。结合学校特色,结合教师特长,结合专家指导,优化、完善校本课程建构,全面发挥三类课程互补性育人功能。再次,以"恒慧课堂"为基础,增强教师的课堂教学管理效能。立足课堂教学主阵地,落实、落细"五育融合"和"双新"政策实施,在进一步打造学校课程特色的基础上,推动教与学方式的变革。打造信息技术融入的智慧课堂,重塑"恒"课堂文化,提升课程教学育人价值,推动教与学提质增效,为学校的内涵发展和品质提升提供支撑。最后,以"恒学少年"为指向,提升教师全员育人品质。在扎实做好课堂教学改革的基础上,充分发挥不同课堂的联动育人价值,整合学校、家庭、社会元素,形成全员、全过程、全方位的育人体系,着力培养具有"恒学"品质的优秀学子,塑造学校人才培养特质,提升学校人才培养质量,形成"高质量课程教学—高素质人才培养—高水平学校发展"的良性循环。从"恒美文化"的培育、"恒毅力课程"的打造到"恒慧课堂"的实施、"恒学少年"的培养,离不了师资队伍建设这一基础工作,都要求教师队伍的专业化和高质量发展这一重要保障。

无论是"恒教育"的实施还是学校高质量发展的新规划落地,工作推进的关键都在教师,师资队伍建设是一切工作的重中之重。新的时代,新的挑战,新的目标,新的发展,都要求昆明学校的教师常怀"习恒心、行恒事、求恒远"的境界与追求,要有做一名"恒教师"的勇气与智慧。"恒教师"要有"能用爱化解一切坚冰"的育人理念,有"一辈子做教师,一辈子学做教师"的专业发展追求,有"给予每一个孩子坚持到底的毅力和力量"的耕耘态度。"恒教师"的内涵是对"四有"好老师内容的丰富,是对教育家精神的校本化认识,是"昆明人"在"有恒"办学理念指引下的新时代教师观。

"恒教师"首先要修炼师德,让自己成为教育强手;其次要修炼课程,让自己成为课程高手;还要修炼课堂,让自己成为教学能手;也要修炼管理,让自己成为育德巧手;更要修炼研究,让自己成为科研推手。"恒教师"要高境界做人,品高学芳;要高眼界做事,学识渊博;要高品位生活,雍容典雅。"恒教师"要有志气,能厚德载物;要有底气,能厚积薄发;要有锐气,能自强不息;要有才气,能博学善思;要有灵气,能开拓创新;要有朝气,能热爱生活。"恒教师"要勤于学习,精业务;学会尊重,会沟通;善于合作,促和谐;启迪智慧,能创新。"恒教师"要有指导儿童自主学习的技能,有指导儿童探究研究的技能,有指导儿童沟通合作的技能,有指导儿童评价欣赏的技能,有指导儿童感受幸福的技能。"恒教师"能通过反思教学实践,在总结经验中不断提升;能坚持教学相长,在师生交往中不断发展;能尊重同伴教师,在借鉴他人中不断完善;能学习教育理论,在理性认识中不断夯实;能潜心教学研究,在遵循规律中不断创新;要名师导航指引,在感悟名师中不断提高;要专家引领启迪,在专家开悟中不断升华。"恒教师"具有师德境界的纯度、学习思考的宽度、教学主张的深度、专业成长的高度、创新实践的效度、专题研究的广度、科研付出的强度、专业精进的力度。"恒教师"的修炼不是一蹴而就的,更不是一朝一夕的事,是且行且思、切磋琢磨的沉淀和积累。"恒教师"课前会精心备课,课堂上能充满激情,课后会与学生交流。他要能勤于钻研,认真研究每一个学生的特点,不放弃任何一个学生。他会支持学校的各项工作,能处理好个人利益与集体利益的关系,做学校发展的主人,做有恒毅力的教师。

《做精神澄澈的教师》这本书就是围绕"恒教师"的理念,从"慧为师、慧育德、慧课程、慧教学、慧研究、慧管理"六个方面介绍精神澄澈的教师是如何修炼成功的。此书内容丰富,可读性强,对义务教育阶段推进教师队伍建设具有很强的参考价值。书中指出,精神澄澈的教师应该心中"有天地"、处事"有恒心"、行事"有规则"。有天地,即要胸怀宽广,既要有丰富的人文底蕴,也要具备一定的责任担当;有恒心,即要有顽强的毅力,不仅要学会学习,还要富有科学精神,不断实践创新;有规则,即按章办事,履职尽责,明辨是非,爱岗敬业。学校积极打造一支师德高尚、业务精良、结构合理的教师队伍,倡导"爱有恒常、业有恒进、理有恒时",让每一位教师成为学生喜欢、家长放心的好老师。具体而言,"爱有恒常",即有责任意识、人文情怀,怀揣一份责任之心,学会以身作则,引领学生身心健康发展,铸就高尚师德;"业有恒进",即能学识渊博、因材施教,拥有一份进取之心,有扎实的知识功底、过硬的教学能力、科学的教学方法;"理有恒时",即能遵循规律、懂得天道酬勤,保持一颗理想之心,树立长期发展目标,勤于反思、注重实践,不断提升自身素养。

本书第一章写了"昆明人"的师德实践。整章共有三节内容,分别是"用肩膀挑起国家的未来","让生命与使命同行","有一种爱很纯粹"。以真实的案例、身边的故事,描写了"昆明老师"立足三尺讲台,默默耕耘、行而不辍,把纯粹的爱给予儿童,把澄澈的爱献给祖国,实现为人师的价值的不懈追求。表达出"昆明老师"对教育事业的深切热爱,对学生的真心关爱,以及为师者应有的执着理念。爱,心之所向,教育之爱,大而无私。"学为人师,行为世范",是为师者应有的追求。"昆明人"的师德境界就是要把最澄澈的爱献给伟大的祖国。

本书第二章阐述的是学校的课程和管理。整章共有五节内容,分别是"让我们一如既往地坚持","有恒毅力的中国人","为获得恒毅力而设计课程","办一所让童年永恒的学校","让教育回归人性的高度"。书中从理念、目标、内容、实施、评价、管理多层面详细介绍了学校的课程体系建构。从书中可以看到,在课程设计中,基于学校的教育观念,我们始终眼望前方,坚持不懈地踏踏实实地走好每一步,不急于求成,不拔苗助长。愚公移山贵在坚持,绳锯木断贵在坚持,水滴石穿贵在坚持。"昆明人"理解的教育不是一蹴而就的事,需要教师无私的爱,需要教师全身心地投入,需要教师不断地探索。教育贵在坚持、难在坚持、成在坚持。好的教育,好的学校,好的课程,总是给予每一个孩子坚持到底的力量。丰富心灵,给予儿童坚持到底的力量应是课程设置的核心思想所在。

本书第三章讨论的是教学实践问题。本章共有四节内容,分别是"问题链教学:挖掘思维深度","数字化教学:提升数智水平","场景式学习:聚焦生命成长","弹性化作业:实现差异发展"。文中开篇就提到了"昆明教师"的教学共识:教是为了不教,学是为了成长。每一个孩子都是真实的、鲜活的个体,成长的标准因人而异。教育不仅仅是传授知识,更是发掘生命的潜能。所以,要进行有目标的因材施教,让每一个孩子都能绽放自己的光芒,展示自己的风采。为此,学校积极倡导问题链教学、数字化教学、场景式学习、弹性化作业等多样的个性化教学方式，为孩子们形成自己的成长逻辑、实现自我生命价值来构筑环境、搭建舞台。"我们与世界只差一个你"，因材施教是"昆明人"不停步的教学追求。

本书第四章说的是学校德育建设问题。整章从良好习惯的培养是学校教育的重要环节谈起，到什么样的生活方式是最适合的探讨，再到个体优秀品格的塑造途径、和谐校园整体文化的打造。编者在向读者传递一个信息：真正的教育应该是有灵魂的、温暖人性的教育。作为立德树人的关键主体，昆明学校紧紧围绕"培养什么人、怎样培养人、为谁培养人"这个基础教育的根本问题，从行为习惯教育系统化、综合实践活动校本化、劳动教育特色化、"育慧家坊"项目建设和"五心导师"服务体系构建五个维度不断地创新学校德育工作，促进每位师生自觉成为美好生活的体验者、真善美的追求者、社会进步的建设者、和谐社会的促进者，从而落实新时代立德树人根本任务，推进育人综合实践活动课程。

本书第五章探讨的是教师的专业发展。整章有"以书为业：教师要有书卷气"，"校本研修：在团队中同成长"，"课题研究：聚焦真实的问题"，"教学相长：一辈子的事业"四节内容。本章讲述了教师通过个体学习、团队研修、课题研究和实践教学四个方面，来提升自己的专业洞察力，增长个人的教育教学智慧。编者认为，一名优秀的教师是要具备扎实的学识、深刻的洞察能力的。这一重要能力的获得和修炼，则需要一辈子的工夫，就如"人民教育家"于漪老师所说的"一辈子做教师，一辈子学做教师"。于老师的观点深刻揭示了一名教师专业发展的真谛，那就是做教师，学做教师，用一生的时间来守望儿童的成长。在昆明的校园内，教师的实践智慧也都丰富蕴含在"学""做""恒"的"三字经"里。

全书的最后一章讲学校管理，从"制度意识是一种文化自觉"说起，到"教师是学校文化的典范"，全面讨论制度、文化、教师三者的关系，书中认为，文化与制度是共生的伙伴，刚柔并济，相得益彰；制度宛如磐石，为秩序奠定基石；文化犹如春风，为精神注入活力。在昆明的校园内，制度是共同智慧的结晶，每一个人都是制度的守护者与实践者；而教师是学校文化的灵魂所在，不仅要积极参与学校文化的塑造，而且要成为学校文化的典范。在这里，每一位成员都用自己的言行诠释着学校文化的深刻内涵。通篇文字在表达一个理念，那就是"每一个人都是管理者，并要持之以恒去实践"。

教育学家鲁洁教授说："教师的事业是一项得以获取永生的事业。"的确，教育的目的应该是培养健康、善良的生命，活泼、智慧的头脑，丰富、高贵的灵魂，让童年永恒，让幸福绵长。这便是"恒教育"的追求。

"恒教育"呼唤"恒教师"，"恒教师"奠基"恒教育"。我们心目中的"恒教师"应该成为学习的激励者，成为智慧的启迪者，成为毅力的确证者；成为时代的点灯人、精神的输氧者、灵魂的唤醒者。昆明的老师，要有热爱学生、热爱教育、热爱学校的大情怀，要有一辈子学做教师的恒定力，要有用爱化解一切坚冰的强能力，要有能给予每一个孩子坚持到底的力量的恒毅力！

让"爱有恒常、业有恒进、理有恒时"成为每一位教师的永恒追求。

第 一 章

师德境界：把澄澈的爱献给祖国

爱,心之所向。教育之爱,大而无私。"学为人师,行为世范",是为师者应有的追求。对教育事业的热爱,对儿童的关爱,是为师者应有的理念。立于三尺讲台,默默耕耘,行而不辍,把澄澈的爱献给祖国,把纯粹的爱给予儿童,实现为人师的价值。

第一节　用肩膀挑起国家的未来

教育是一项理想的事业，没有理想的教育是不存在的；教育是一项神圣的追求，它充满着伟大与圣洁，不容任何玷污与亵渎；教育是一个崇高的使命，它需要我们全身心地投入与完全的奉献；教育是民族发展的奠基者，它决定着民族的命运与未来。

——于漪

"师者，所以传道受业解惑也。"一名教师的身上挑着千斤重担，儿童的现在与未来都深受教师的影响。"教育的本质意味着一棵树摇动另一棵树，一朵云推动另一朵云，一个灵魂唤醒另一个灵魂。"教师要用爱，走进儿童内心。

一、教在儿童心坎

我校有一位见习教师，刚踏入校园时，满怀工作激情，因为她终于实现了儿时的梦想——当一名人民教师。当她满怀教书育人的憧憬进入真实课堂时，当她满怀责任心地参与班级管理时，遇到了那些苦口婆心、温柔劝导总不见起色的"特殊儿童"，一次次的受挫让她内心颇感无力，她甚至怀疑自己是否还能胜任这份职业。这时是"人民教育家"于漪老师"一辈子做教师，一辈子学做教师"的精神点燃了她的智慧之火，安抚了她心中的不安和无奈。

这位见习教师告诉我,她第一次知道于漪老师是在 2022 年的杨浦区见习教师培训会上,那时她内心充满了少时梦想实现的激动,满怀对教书育人的热情,听到于漪老师的故事,由衷钦佩于漪老师对于教育事业的责任心、爱心和那份坚韧。当听到于老师也是江苏镇江人时,心里又平添一份亲切感,暗暗下定决心,要向于漪老师学习,成为一名好教师!

理想丰满,现实骨感。当她真正进入课堂,开始走进学生,开始学习班级管理时才知道,要成为一名好教师远比当初想的难!她说,上课能够注意力集中,你说上句、他接下句的学生自然人人喜爱;长得可爱、有礼有节的学生也让人欢喜。而那些令人头疼的学生,真是叫人摸不着头脑。就说其班上的汤同学,非常好动,起初她会在课上友善地提醒他,通过走到他面前摸摸他的头、与他眼神对视或者让他回答问题的方式吸引他的注意力,多次尝试后发现并不管用,她就找他苦口婆心地谈了不下三四次的话,效果也就只能保持一两天。她的耐心被一点点地磨完,开始在上课时严厉批评他的不专心。但每次看到学生委屈巴巴的样子,她又开始自责,感觉自己没有引导好他。

教师成长的过程就是育人能力提升的过程。教育、引导儿童健康成长是磨炼教师心志的基本功,更是让教育走进内心的重要环节。于漪老师说:"要把班级带好,不管是班主任,还是任课教师,都必须对学生满腔热情满腔爱,不是对少数,而是对所有学生。"一个好老师,不仅仅要传授儿童知识,更要尽心地去将那些可能会歪掉或者发展受束缚的树苗扶正,让它自由生长、健康发展。

于漪老师的话激发了她一定要帮助好这位孩子的责任感。她开始向各科老师了解这个孩子的情况,每位老师都说他上课时很难管住自己,虽然作业做得不错,但每次上课都会将任何可以拿起来的小物品作为他的"玩具"。老师们批评很多次都没有效果。她转而从家长入手,向家长了解情况。从家长那里得知,自幼儿园开始，家长就一直接到老师打来的各种投诉电话，说孩子一点儿都听不进老师的话，满脑子就想着玩。回到家后，无论家长是口头批评还是棍棒教育，都没有用。只有大人坐在他面前，面对面地监督，才能起到一点效果。这不禁让老师和家长都开始怀疑这孩子患上了多动症。电话那头的家长在电话里面滔滔不绝地讲着，她听出了家长的焦虑、不安和无措，这更让她觉得身上无形的担子更重了，她暗暗下决心，一定要帮这孩子养成良好的学习习惯。

于漪老师说过的那句"有多少是教到学生心中的"，不断在这位老师脑海中浮现。她回首自己的教学，感觉到自己还没走进孩子内心，没能让孩子敞开心扉、真正地投入到学习中来。这位见习老师动起了脑筋，她开始静静地观察他。渐渐地，她发现这位学生很聪明，各科的作业完成率和正确率都不错，只是学习习惯不好；他时间观念薄弱，不知道什么时候该做什么，没少挨老师的批评和家长的责备……

有一天，阳光明媚，她看到汤同学的作业只错了一个，便微笑着把他喊过来。他紧张地慢慢挪动身子，不敢和她对视，害怕老师会把他喊过去训一顿。等孩子走到她面前时，老师用手搭着他的肩膀，用惊喜的神情望着他，表扬道："你这个作业怎么完成得这么好呀！这句句子写得很有想法，你是怎么想到这句话的？"他猛然抬起头看着老师，兴奋地和她说着自己的想法。因为过于激动，他还"打结"了几次。老师赞赏地说："你太厉害了，可太聪明了，是不是平时很喜欢看课外书呀？"他一下子来劲了，如数家珍般地分享着他喜欢的书籍。见习老师用欣赏的眼光望着他："你真棒，赵老师特别喜欢你上课时回答问题的眼睛，闪闪发光的，特别帅！"汤同学听了开心极了，眼里闪着光。这次的谈话效果极佳，接下来的一周，他上课表现特别乖，认真听讲，积极举手。赵老师也趁热打铁，只要看到汤同学有好的行为表现，就会大声地当着全班同学的面表扬他。如果偶尔他有不良的小表现，也会对他投过去一个微笑和眼神，他会立刻坐得端端正正，认真听讲。他自信的笑容让赵老师想起来总是鼻头微酸，眼眶泛红。她感到自己的努力和用心终于有了回报。

见时机成熟，赵老师立即和孩子的妈妈取得联系，和她分享孩子最近的进步，孩子的妈妈非常开心。她和妈妈商量，从学习桌上不要堆放杂物开始做起，共同努力在家里给他营造安静的学习环境。妈妈表示会积极配合。比起前几次的沟通，孩子妈妈的心情也明显好了很多，家校沟通取得了实质性的进步。

过了一段时间，赵老师又去各科老师那儿打听孩子的学习表现，大家都对汤同学的进步表示了极大的认可和表扬。学期末，老师给孩子的妈妈打去电话，询问孩子在家的学习情况。妈妈描述孩子认真学习的情况时，高兴得都笑出了声，连声向老师表达感谢。她感慨，原来自己的孩子也能做到注意力集中，他不是多动症患者。要不是当时赵老师的耐心劝说和悉心引导，可能"多动患儿"的帽子就戴上了，那对孩子的一生都是个阴影啊！

小学生正处于一生中成长发展的关键时期，特别需要教育和引导。班主任是儿童在学校生活中的主要依靠对象，是影响学生的"重要他人"。这位见习老师用行动证明了一名教师做好学生学习、生活心灵导师的重要性。她用爱心做着儿童全面发展的引路人，用智慧做着学生健康成长的守护者。

选择了教师，就是选择了梦想，选择了执着；选择了教师，就是选择了与心灵的对话。我们要将教育教在儿童心坎上，让孩子们收获美好未来。

二、爱，在雪山脚下

杨老师是我校女教师中"海拔"最高的一位青年体育教师。她从小练习排球，曾代表"上海女排"参加过各类比赛,可谓硕果累累。在所有人都以为杨老师会在自己的岗位上继续精彩工作和生活时,她却给了所有人一个意外!

一座座古朴、典雅、幽静的纳西风格的民居鳞次栉比,冰凉的雪水溪流穿城过巷,排排垂柳在清风中摇曳。是的,杨老师到了云南丽江,到我国教育资源相对欠缺的地方,支援贫困地区,支持云南的教育事业来了!

杨老师担任的是本地初三年级的体育老师兼班主任,正式成为了云南玉龙中学一名普通的教育工作者。她的班上有 20 名学生,其中,12 名男生,8 名女生,学校的硬件条件还算可以,可是这些学生却与学校环境形成了鲜明的对比,站在杨老师眼前的,是个子小小、衣服脏旧、脸像小花猫的一群小可爱,像是十几年前纪录片里面的孩子,这不禁让杨老师心头一震。上第一节课之前,杨老师拿出自己带来的五花八门的零食分给孩子们,看着城市老师带来的新鲜东西,大家一下子被吸引住了,这些东西是他们从未见过的美味。很快,杨老师就成了学生们的孩子王。

在这些学生中间,杨老师注意到有这么一个男孩子,他的名字叫建强,他似乎更加愿意一个人待着,不管在哪里,总是一个人;他也从不敢正眼看别人,总爱低着头,躲着人,无论是上课、下课,还是中午、晚上排队回家,都是如此。在杨老师分发零食时他站在最后,和孩子们玩闹时他也远远看着。他瘦瘦矮矮,黑黑的脸,黑黑的手,衣服永远只有那么一件,脏脏旧旧,松松垮垮。但他的眼睛里有种摄人心魄的冲击力,那是一种让人心酸的成熟。

冬天很快就来了,云南的冬天,没有上海那么寒冷,早上最冷的时候也在 0 度左右。在下过一场薄雪之后,杨老师换上了带来的棉衣,推开教室门,她的眼泪不禁夺眶而出,她看到烟雾缭绕的火炉旁挤着几个骨瘦如柴、衣衫单薄的"小麻雀",她将这几个孩子带回自己的宿舍,给他们好吃的,暖好身子后才开始上课。杨老师发现小建强不在他们中间。

晚上一放学,杨老师就跟随孩子们,开始了她来到云南之后的第三次家访。杨老师知道这一次没有上两次那么容易,因为建强家在这个村子最偏僻的地方,也是路最难走的地方。和最后一个孩子分开,目送他进村之后,杨老师沿着小路,踩着薄雪继续向前走。到建强家门口时,天已经完全黑了,杨老师只能一跳一跳地进去,喊道:"建强,你在哪里,妈妈和奶奶怎么了? 今天怎么又没有来上学?"

在这个土坯墙围成的家里,"哗啦"一声,点起来一盏灯。虚弱的奶奶躺在床上,母亲拄着棍,建强拿着作业本和书走了过来。杨老师在微弱的灯光下,给建强补习今天的课程。补完,建强突然站起来一把抱住杨老师,大声地哭起来:"建强想爸爸了,爸爸在的时候也是这样的。爸爸虽然不会认字,但是都会盯着建强写作业!"

建强的母亲说:"小杨老师,这些天里您给我们的帮助实在是太多了,不仅送给我们吃的,还送给孩子这么多书,我们真不知道怎么回报您! 只是家里这个样子,强娃可能上不了学了!"听了建强妈妈的话,杨老师回想起这些日子在这个云南小村庄里面所做过的事情,看着熟睡的建强,看着这样的环境,泪水立马就涌了出来。

第二天,建强还是和杨老师一起上学了。因为杨老师许下承诺,一定不会让建强上学的问题成为这个家庭的负担。远处,杨老师轻轻地给建强披上棉衣,一大一小,在风雪中慢慢走远,建强妈妈倚着门框,眼泪像决堤的河流……

杨老师时常会站在玉龙雪山脚下,目视远方出神。她习惯性地推推眼镜,皮肤暗黄了许多,瘦弱的身材多了些许刚气。她一动不动地看着远方,眼神坚定有力,成熟自信。她知道,那里有希望,是孩子们的希望! 身后,炊烟袅袅升起,孩子们趴在窗头上,眼里皆是自信,笔下都是希望。爱,澄澈纯净。

三、润物细无声

每个儿童都拥有不同的个性,作为老师没有权力去选择教授什么样的儿童,但对于每个孩子来说,在他们学习的阶段老师起到了至关重要的作用,尤其是一些行为上有些特殊的儿童。老师如果能及时发现儿童的问题并与家长沟通,通过家校合力帮助儿童进步,这无疑是这些特殊儿童的福音。

我校一位青年班主任在阅读于漪老师的书籍时,看到于漪老师对待四位口吃学生的事例时,感触颇深。于老师根据学生的不同情况,采取了不同方式,让每一个学生最后都有了较大的改变。这个案例让还处在职初教师的她,开始思考如何对待班级中的特殊学生,如何处理他们的一些与众不同的举动。

她的班级里有一位叫小董的同学,个子小小的,非常引人注目。在一年级刚入学时她发现他在上课的时候不能够很好地坐在座位上,总喜欢动来动去,有时还会整个人滑到地上,而他居然还不觉得疼,也不会主动爬起来。老师提醒他要好好坐在座位上时,他才坐起来,但很快又滑落下去。由于他坐第一排,导致后排同学在上课的过程中不断受到影响,无法安心听课。这样一来,老师因需要不断提醒他坐好而浪费了大量上课时间,正常的上课秩序被打乱了。面对这样的情况,她与小朋友进行了一次交流和沟通。其间小朋友告诉她,坐着太累了,在地上比较舒服,这便是他要从椅子上滑下去的主要原因。听罢,她选择与家长进行沟通。沟通的结果是孩子小的时候由于父母工作忙,上小学之前是长辈带的;而父母对孩子也较为宠爱,导致小朋友对于父母的要求并不是言听计从,而是当作耳旁风;此外,父母之间对于孩子的教育也有着不同的意见,也常在孩子面前争执,导致小朋友不是很愿意与他人进行交流,性格倔强,容易固执己见。老师与家长沟通商量之后,双方决定给小朋友在学校里和家里都设定小目标。通过家校合力,一段时间后,孩子能坚持坐 5 分钟在座位上不滑落,接着是 10 分钟、20 分钟、35 分钟……

经过了大半个学期的努力,小朋友终于能够较好地坐在座位上不影响后面同学听课了。原以为这孩子终于能认真学习了,谁料几周之后,他好不容易养成的端坐在座位上的好习惯,又开始变化了。他常把桌子往前挪,让自己的座位空间变大,坐起来更舒服;或把自己的桌子拉到贴近自己身体的位置,把自己的双脚翘在桌子底下的横杆上。他这一系列的行为导致课堂中经常有挪动桌子的声音,影响了其他同学听课。下课时,这位青年班主任来到他的身边,发现他的桌子不是被他顶到了教室最前面的墙壁处,就是桌子和椅子都向左或右 45 度歪斜着。面对这个问题,她也是万般无奈。她告诉我,作为职初教师的她,面对这样的情况,经常思考着:我应该怎么做才能够让他像其他同学一样不挪动桌椅,安安静静地坐在课堂里呢? 正在她百思不得其解时,偶然读到于漪老师的一篇文章,受到了启发。在面对特殊学生时,爱是最佳良药,要用心发现、用爱感化。通过仔细观察,这位教师发现这个学生之所以喜欢挪动桌椅是因为没有参照物,导致他没有意识到自己的桌椅已经发生了位移,甚至影响到了其他同学听课。针对这种情况,她与小朋友做了约定,如果一个月之内他能坚持不挪动桌椅,就奖励他小奖品。经过和班级同学的协商,这个孩子坐到了靠墙的第一排位置,因为墙上的瓷砖边缘可以作为他给自己桌椅定位的一种参考。班主任告诉他,墙上一块瓷砖左侧的那根竖线是桌子最前端应该对准的位置,而第二块瓷砖右侧的那根竖线是椅背应该要对准的位置,他认真地听着。为了保护他的眼睛,她每周对他的座位进行左右的对调,经过了一个多月的不断提醒,这位同学基本上能够做到自己的桌子和椅子不做大范围的挪动和转向了,在行为上较好地和班级其他同学融为一体。

随着这位老师对这位学生了解的不断深入，对其关爱的不断深入，她经常与其谈心，鼓励他敞开心扉，并教会他与人交往的方法。通过多次的沟通与指导，他的脸上渐渐多了几分笑容，也会主动与同学交流了，他在不断地自我尝试与改变中有了进步。

每一个孩子都是独一无二的，面对如此与众不同的儿童，教师不能用同一把尺子去衡量所有的孩子，而是要对儿童的特殊性及导致他出现这些特殊行为的原因进行了解，并根据他的性格特征，采取相应的措施，进而帮助他、提升他。同时，教师要给予这些孩子更多的爱，如同种植一棵树、养育一朵花那般，用爱心浇灌，用耐心滋润，终有一天，也会长成一棵参天大树。

儿童的转化是一个长期的、艰苦的、复杂的过程，我们要像于漪老师那样，用爱心接纳他们，用耐心温暖他们，让快乐之花盛开在每个孩子脸上。

第二节　让生命与使命同行

几十年来，怀着为党育人、为国育才的理想，于漪用心用情用力，孜孜矻矻，探求学科育人的规律，探求教师成长的规律，着力培养教师，力求使自己的生命与教书育人的使命结伴同行。

在我的身边，有一群可爱的人：他们是知识的传授者，是心灵的耕耘者；他们深知肩负教书育人的使命，因而负重前行；但他们个个精神抖擞，恪尽职守。他们如同一缕阳光,润泽儿童的心房,温暖学校的每一处角落。

一、天道酬勤

蒋琼老师,扎根教育战线三十年。她理想信念坚定,弘扬党员先锋模范精神;她道德情操高尚,在道德与法治普及岗位建功立业,成为儿童道德品行的照明灯;她学识扎实、甘为人梯,热心做好青年教师的引路人;她践行初心使命,着力推进基础教育综合改革。她以对教育事业的一片赤诚之心,书写着智慧而隽永的教育人生。

(一)教学相长,扎根一线耕耘

蒋老师数十年如一日扎根教学一线,在三尺讲台默默耕耘。她尤其重视思想品德教育,精心备课、激情讲解,让枯燥的道德与法治课堂变得生动有趣,深受学生的喜爱。

她特别关注教研组建设,采用主题式、轮值式等多种途径推进研修活动,强化各学科的高质量作业设计研究,促进教学有效性。

(二)甘为人梯,潜心传帮带教

小学部教师有半数是青年教师,蒋老师深感青年教师培养工作的重要性,主动担起"传帮带"重任,甘为人梯扶持青年教师成长。

手把手指导,心连心呵护。蒋老师如长辈一般将教学经验倾囊相授,她每周坚持聆听学校青年教师的随堂课,课后面对面交流评课,帮助青年教师快速成长。精心培育终有收获,她指导的多名教师获市区级教学类、德育类等多项奖励。

(三) 勇于创新,推进教育综改

转岗校级管理工作后,蒋老师深知肩负的重任,她以立足长远的智慧和非凡的勇气,着力推进基础教育综合改革。

2022 年起小学部成为了全区 16 所"三个助手"项目试验校之一,学校搭建"育慧工作坊"平台,将此项目纳入其中。蒋老师作为工作坊主持人,带领团队立足数字化赋能教学,坚持以课题引领为路径,确定了课题研究内容,组织团队开展项目实践研究。

她以科研创新为思路,推进项目实施,深度挖掘传统文化与劳动教育间的融合,并不断实施研究。随着各综改项目的创新实施,校园建设也将迈上新的台阶。

天道酬勤,大爱无言。蒋老师以她对教育事业的满腔热忱,默默发挥着光和热,照亮千百名儿童和教师的人生路。

二、一步一个脚印

"驻守青春渡口的我,最大的责任和幸福就是把你们送到理想的彼岸;教会学生读书,更教会学生成为一个拥有优秀爱力的幸福人。"多年来陶悦飞老师一直秉承着这样的工作承诺。作为一位已有二十一年工作经验的英语老师,加上十年班主任工作的历练,她深深地认识到"teens"这个词对于学生一生的重要性。在这个重要的时段里,学生是否能够得到健康人格的发展,是否能够建立正确的人生观,是否能做一个有梦想的人,又是否还来得及修补童年已经烙下的伤疤,这是一个初中班主任肩上沉甸甸的担子。为了把这个担子扎实地担起来,她始终坚持知难而进、锐意进取,不断鞭策自己成为更好的自己、更好的老师、更好的导师。

那年,她所带的班级马上进入初三年级,在整理学生们 14 岁生日的三年材料时,她感慨地看到,孩子们从刚入学时的稚嫩走向成熟,从幼稚到有主见、有思想、充满朝气,这三年来陶老师深知走过的每一步都不容易。学生的成长过程,同样也是她的成长历程,其间,她也从一个会焦虑、会愤怒、会激动的平凡班主任,慢慢锤炼成了淡定、温和、自信的优秀班主任、年级组长。她自己也感慨,作为教师,班主任岗位是最锻炼人的,每次接班都是自己的一次人生锤炼,感谢每个班级留给自己的记忆,更感谢自己在每个为了班级付出奋斗的时间里,找到了更好的自己。

陶老师在校内论坛的多次发言,都提及自己的教育主要就是一个字:爱。她认为青少年时期是关乎一个人一生幸福的最重要的时期,要在这个阶段把爱的种子及时种进孩子的心里,才能让他们在未来的风雨中凭借自我坚实的内心城堡得以坚强度过,更会用年少时习得的仁爱去爱他人、爱自己和被爱,在复杂的社会关系中获得幸福和快乐,这是初中班主任最重要的课题,它紧迫、有时限,它关键、有意义。

(一) 表扬,为师爱插上翅膀

表扬赏识能使儿童明确航向。中学生正处在由童年向成年人转变的过渡期,其人生观、世界观和价值观尚未成型,处于认知的模糊阶段,犹如航船在大海上没有明确的方向。这时候,如果老师表扬赏识他们表现出的好的一面,就会使他们在茫茫黑夜中看到希望,在风雨飘摇时找到力量,在自卑失望时找到位置,明确人生方向,找到人生价值,进而自觉地积极追求向上、向善。陶老师始终坚信自尊教育的重要性,作为教育者,她永远站在光里,努力发现每个孩子身上的闪光点,相信赞扬和赏识能让孩子更加积极向上、向善。

她班里的小柳,小学时就已经因对自己的情绪行为完全没有控制力而"名声在外";成为中学生后,上课的基本规则都无法遵守,可谓坐没坐相、站没站相,成绩更是差到家长都放弃的程度。陶老师在期中期末都会单独给他补习功课,请他吃午饭晚饭。六年级下,他成为了网瘾少年,开始抄起作业来,有时甚至直接就拿其他同学作业的照片交。但陶老师始终坚信这个孩子是个好孩子,只是自身控制能力的缺失让他在成长的过程中积累了太多的负能量和挫败感,所以才放弃了自己和学习。陶老师多次展开了拯救网瘾少年小柳的行动,无论多么糟糕的状态都对他不丢弃、不放弃。在小柳七年级时有了一次违纪之后,她仍然鼓励他参加班级的各项活动,让他用行动来拯救自己。渐渐地,小柳变了。有一次他低血糖,陶老师把自己的晚饭给他吃,并给了他巧克力恢复体力。小柳放学回到家翻出了自己仅有的零用钱,给陶老师买了一个面包。收到面包的一刻,陶老师红了眼睛。

一切都被小柳看在眼里……

在陶老师的一路引导下,小柳完全告别了网瘾,还写下了五篇感人的日记。他在自己的文学创作里这样描述陶老师:她是个善良发光的人,不像其他老师一样威严,却像姐姐般温暖,让你愿意听从指引而改变自己。

陶老师坚信爱的力量,以每一个表扬为载体,用一个微笑、一句温暖的话语抚慰着这些虽年少却满目疮痍的心灵。在这心灵圣殿修复并且变坚固的关键时期,陶老师在尽自己最大的努力,助力每个心灵的成长。

(二) 仪式感,为教育增添力量

走进陶老师的教室,所有人都会驻足观赏,因为,这间教室被称为校园最美教室,这是陶老师的理念。她说,在充满美好和温馨的教室里,也就是班级的家里,才会培养出温暖的孩子。在她的教室里,有趣味的标语鼓励孩子们学习,有表扬优秀的英雄榜,有学生自己维护的绿植,有每次活动留下的纪念品,还有一墙的荣誉,甚至是驱蚊的灯、净化空气的设备等。有人说,这么多东西,不觉得累吗?维护起来不花时间吗?孩子们不会弄坏吗?陶老师说,所有的物件都有人负责管理,哪怕是表演用过的一个娃娃,平时有人清洗,放假了也不会忘记都带回家。陶老师让班里最爱丢三落四的小钱管理一株绿萝,在小钱一年多的照顾下,这株绿萝越来越茂盛;她教会了这个孩子,什么是生命,什么是责任。

"孩子的生活应该充满游戏和活动。"在游戏和活动中,他们才能够放松身心,学到知识,懂得道理,得到锻炼。作为班主任,陶老师深刻地理解孩子的需要,在实际工作中,抓住和创造各种教育机会,创设全新的教育活动,培养学生热爱集体的感情和关注社会、关爱他人的品质。

陶老师的育人原则是,第一年带着做,第二年帮着做,第三年跟着做,第四年看着做。从第一次大扫除陶老师跪在地板上擦地开始,这个班级的孩子就开始在各项活动中积极参与,并几乎都能获得一等奖。其中渗透的,一定是她组织活动的思路和方法。

多年来,她总是这样,每个节日、每个班会都会全心全意地准备。"六一成人礼""元旦迎新""我的DIY美食party""迷你议会""小小法庭"等,通过仪式、游戏的方式让孩子们积极参与其中,潜移默化地教育、引领,并锻炼着这个集体的思考力、协作力、团结力。她始终坚信,这些能力一定能留在孩子们的心里,引领孩子们走向更顺利的人生之路。

(三) 定力,让期待更有意义

陶老师曾经也是个急躁的人,也曾为学生没有及时掌握要领,或是学生反复在同一个问题上屡教不改而恼羞成怒。但随着自己阅历的增加,教育经验的积累,尤其是自己的孩子中考后,她对教育有了更深的领悟。教育是细水长流的,不是一句空话，它需要教育者有耐力，甚至是定力，才能克服当时的恼羞成怒及后来会后悔的仓促决断。

她班中的小阳同学，品格、习惯、成绩都没有尽如人意的地方，关键脾气还有些暴躁，接受不了批评，和多位老师发生过口角甚至有肢体冲突。从六年级到八年级上，始终没有任何改变。陶老师班级中大多数孩子在接近三年的时间里有了脱胎换骨的变化，只有小阳仍然冥顽不灵，很多老师对他、对他的家长都已经失去信心，准备放弃。但陶老师始终坚持正直教育和规范教育，要让小阳学会做事的尺度和规矩，也始终坚信他能认识到自己的问题。经过深入交流陶老师得知，小阳的爸妈在教育理念上有着巨大的冲突，一个严厉的高要求父亲，动辄打骂；一个绝对溺爱的全职妈妈，满足孩子所有的愿望。在这样矛盾的家庭环境中长大，陶老师开始理解他，并试着共情他的心理问题：与小阳沟通，要努力做更好的自己；同时也给小阳时间，坚信正念在心一定会找到正确的路。这一等就是三年，小阳终于意识到自身所存在的问题，仿佛一下子获得了清醒，一下子懂事了。14岁生日的纪念视频是小阳花了大量时间做的，他说在看视频的时候泪目了，这是第一次因为实际的生活，不是电影也不是游戏，让他触动了内心。

也许爱，有时候需要耐力、毅力，甚至是定力，才能让班级里这种类型的孩子，在漫长的等待后，也绽放自己的光彩。为陶老师点赞。

三、化作春泥更护花

徐琳，一位经验丰富的老班主任。"落红有情化春泥　护花育人细无声"是她的教育理念。人们常说：文人若竹，对花沽酒，扬一世美名；师者如水，润物无声，续华夏千年。而她，一名在教育第一线工作了三十余年的普通班主任，不敢比竹之苍郁挺拔,却诚如那涓涓细流滋润着每一个学生的心田。回首工作以来的点点滴滴,徐琳老师唯愿自己能和每一位同行一样,做好一名园丁,用她的辛勤与汗水为学生浇灌出一座美丽的智慧花园。

(一) 激发创意 倾情付出

走进徐老师的班级,就可以看见窗台上摆放着芦荟、绿萝等植物,使教室绿意盎然,这些植物由学生专人负责,不知不觉中培养了他们的责任意识和关爱生命的意识。班级绿绒板上的"星光灿烂"栏目里面贴满了学生通过努力得来的星星,他们将自我激励和相互激励作为一种习惯,形成了一种班级精神。

徐老师的班级执行了"值日队长"的制度,每个学生可以轮流做队长。此外,每个学生都有自己的小岗位。一学期后,学生对自己服务的岗位进行小结,再评选出"小岗位服务明星"。大家你追我赶,积极进取。

孩子们是一朵朵含苞欲放的娇花,蕴积着能量,等待着最终的绽放。徐老师不是一个创造力丰富的人,但她始终想要为她的学生打造一座充满创意的魅力花园。无论是怎样的活动,徐老师总是能在一次次苦思冥想后,一击即中,交出令学生满意的答卷。艺术节闭幕式上,班级学生用一口地道的上海话念出一首首亲切感十足的老上海童谣,而在这地道的发音背后是徐老师辛勤忙碌的身影和不厌其烦、耐心教导的关爱之情。科技节上,为了满足孩子自己制作电动机械狗的愿望,徐老师身先士卒,积极向科技老师求教,学习自己不熟悉的电路知识,帮助班上学生一起动手剪裁、绘制、拼装,最终班上不少学生都拥有了自己亲手制成的科技作品。班级中小邓同学的作品《骄傲的贵宾犬》荣获杨浦区科普科幻制作优秀奖。每每感受到孩子们发自内心的快乐,徐老师总是会心一笑,如获至宝。

（二）孜孜不倦　默默为学

每一个人的心底都有着一份希冀——为自己所热爱、所珍视的人和事物，情愿付出所有依旧甘之如饴。徐老师正是这样一位为了学生倾心付出的班主任。每当面对一些让她在教学上屡屡受挫的学生，她总是提醒自己要牢记有教无类，于是一次次尝试，一遍遍反思。学生一丝一毫的进步都成为了她数十载教学路上的宝贵经验。

徐老师的班上有一名特殊的学生——小梅。记得一次质量调研，小梅同学被评价为"须努力"，因为学习态度不端正，学习习惯又没有很好地养成，小梅对学习一直有畏难的情绪。对此，徐老师看在眼里，急在心里。于是，放学后，她几次领着小梅拜访他的家长，一次又一次与他们进行沟通。徐老师从为人师、为人母的角度晓之以理、动之以情。此外，下课时、大活动、放学后，时常能见到徐老师拉着小梅与他谈心，真挚的鼓励让小梅树立了学习的自信心。徐老师放弃自己的休息时间帮他补缺补差的行为，也给了小梅莫大的感动。终于，小梅的成绩渐渐有了起色。小梅只是徐老师众多学生中的一个，但徐老师对每一位孩子的关心与爱早已被学生看在眼里、记在心底。

（三）用心呵护　用爱倾注

三十年的岁月对于每个人而言都是人生中美好的一段时光，徐老师将这段美好的青春赠与了她最热爱的事业、最珍爱的孩子。她总是全心全意地对待班里的每一位学生，用爱去滋润每一个孩子的心田。

她曾执教的五（1）班中，有一位小胡同学，她的妈妈身患尿毒症。由于身体原因，小胡的母亲从不来开家长会，因此，每个学期，无论是酷暑难挡，还是大雪纷飞，徐老师都会登门家访，向家长汇报小胡在学校的各方面表现。因为家庭的情况,加上学习成绩不理想,小胡有些自卑,平时在校总是闷闷不乐,几乎没有好朋友。为了让小胡得到更多的爱,徐老师每年都会送她一些礼品略表心意——衣物、书籍、学习用品等。新年前夕,徐老师带着同学代表和自己精心准备的礼物再一次登门家访,他们一起剪窗花、贴春联,小胡和她妈妈的脸上满是灿烂的笑容。毕业典礼上,当小胡穿着徐老师帮她买的演出服在台上演唱《童年》时,那双忽闪忽闪的大眼睛不时地流露出感激的目光,至今令人难忘。

每当望着孩子们那一张张笑脸,徐老师觉得自己仿佛走进了生命中最灿烂的时刻。一直担任班主任的徐老师经常发挥集体的作用,在班级中创造一个宽松、和谐的环境和气氛,使学生感受到集体的温暖。所带教的班级多次荣获校金座班和区优秀队集体称号。

(四) 执着坚守　不忘初心

作为一名班主任,每接一个新班级,徐老师都注重培养班队干部,共同管理班级,塑造良好班风。她能面向全体学生,以爱浇灌花朵,以自己的言行来影响、感化学生,使孩子们的良好行为习惯在潜移默化中逐渐形成。她通过各种方式和渠道,引导学生开展丰富多彩的活动,使学生健康全面地发展。

一年暑假,学校选派她参与街道文化节开幕式演出。徐琳老师完全可以选用现成的得过奖的诗朗诵节目,但当她知道是"书香生活"的主题后,立即筛选出最切题的《一路书香,一生阳光》进行排练。虽然学期结束工作繁杂,但她丝毫不懈怠,制作精致的展示媒体,巧妙地把学校活动融进诗歌中,展现学校丰富的文化活动。她还细心地沟通好家长,不顾高温,组织学生在假期时间排练。正因为她的勤奋与认真,学生的诗歌朗诵在众多节目中脱颖而出,正式演出时获得街道领导的好评。徐老师还利用自己的休息时间带领队员们参加了上海新四军历史研究会的年会,表演了精彩的节目。学生们与老红军们其乐融融地度过了一个有非凡意义的盛会。

不知不觉间,徐老师已送走了许多届学生。一路走来,看着每一名学生在青涩稚嫩中蜕变茁壮,徐老师陪着他们一起成长,引领他们遨游书海,教导他们明理懂事。如今,花骨朵们绽开层层花瓣,散溢醉人芬芳,在人生的舞台尽情展现着他们的魅力与青春,而徐老师仍是那默然无语的栽花人。

第三节　有一种爱很纯粹

一个人生命是有限的,作为一名老师,把有限的生命融入常青的、伟大的、辉煌的教育事业中,我觉得是此生有幸。教育不仅是太阳底下最光辉的事业,而且是太阳底下永恒的事业。

——于漪

教师,生之镜也。教师的一言一行深深影响着儿童。师者细心地做,较之机械地说更有说服力,更能感染儿童。

一、春蚕到死丝方尽

我校一位青年教师如是说:"她,是我教育生涯的启蒙老师,是我一位贴心的长辈,也是我生命中的良师益友。她是我的师父——杨老师。"

杨老师在教育岗位上已经工作三十多年,有着丰富的教育教学经验,获奖无数,桃李满天下。虽临近退休,但是面对自己的教育事业,她依旧精力充沛,积极工作,关心爱护每一位学生,认真完成每一项教育教学任务,以自己的实际行动践行了"春蚕到死丝方尽,蜡炬成灰泪始干"。

在这位青年教师看来,杨老师将自己的一生都奉献给了教育事业,坚持立德树人初心,牢记育人使命,积极探索新时代教育教学方法,引导学生扣好人生第一粒扣子。

杨老师的爱生敬业体现在方方面面。每天她都是早早来到学校,从不迟到早退。面对学校给予临近退休老师可以提前一小时下班的优待,为了孩子们的学习,她毅然选择了放弃,认真参与学校课后服务和培优补差工作,尽职尽责,不放弃任何一位学生。最令人佩服的是她不畏困难、迎难而上的精神。学校开展的数字信息化教学课程里也有她的身影,她从来不摆架子,在信息化教学操作中遇到困难也会经常请教年轻教师。因为年龄关系,她的接受能力没有那么强,但她会一遍又一遍地进行尝试,直至成功为止。"敏而好学,不耻下问。"这句话能够贴切地形容她刻苦钻研学科的精神。

有一次,这位青年教师终于忍不住问杨老师:为什么每天这么早来上班?吃个早饭也不需要这么多时间,为什么不在家多睡一会儿呢?杨老师浅浅地笑了笑,回答说年纪大了,睡不着觉了,每天到了早上这个时间点就自动醒了,就再也睡不着了。一次偶然的机会,这位老师经过杨老师的班级才知道她早到校的真正原因。那天,她比往常稍早一些到校,离孩子们进校还有一些时间,但办公室里杨老师的电脑已经打开,水杯已经倒满,杨老师已经早早进入她自己的班级了。走过杨老师的班级门口时,她被眼前出现的一幕深深地震撼到了。早早到班级的杨老师并没有坐着刷手机或者休息,而是在认认真真地打扫教室卫生。只见她一手拿着扫帚,一手拿着簸箕,佝偻着身子,将小朋友课桌椅下的地面仔细地清扫,任何一个细微的角落都不放过,扫完后还将课桌椅一并排列整齐。看到她认真的样子,这位青年教师深受感动。没过一会儿,班级中最早到的小朋友进班了,她先是向杨老师问了早,然后径直走到自己的座位上,打开书包拿出作业本并整齐地堆放在桌上。接着,她走到教室壁橱边打开门,拿出扫帚,走到地面垃圾较多的座位旁,学着杨老师的样子打扫起来,一样的动作,一样的认真,弯下身子,细致打扫,扫完立刻将课桌椅排列整齐。后来几天,这位青年教师也刻意早到校一会儿,连续几天经过杨老师的班级,每天都能看到杨老师在班级辛勤打扫的身影。原来,杨老师每天早到校并不是像她所说的睡不着觉,而是为了每天提早打扫教室卫生。

但是,她还是存在疑惑:班级的打扫事务,一定要教师自己亲力亲为吗?不能让小朋友们去完成吗?对于三年级的小朋友来说,打扫卫生应该不算是个难事吧?想到这里,她不由得再一次询问了杨老师。杨老师回答的是:"如果我不打扫教室,那孩子们怎么会学着我的样子打扫呢?又怎么会爱护自己的班级?"这让她不禁想到自己之前经常在班级中抱怨,这个地面都是垃圾,那个桌椅歪歪扭扭,一直批评值日生打扫不干净、不到位。通过杨老师这件事,她才反应过来,只是一味地指责或是指挥学生,作为班主任的自己却很少动手去做,这样学生永远都不会有进步。

她终于明白了,在班级中,如果作为班主任的老师永远是一个指挥者的角色,那么孩子们的主观能动性是很难被调动的。只有老师以身作则,把学校教室当作自己的家一样来爱护,那么孩子们也会学着老师的样子来爱护这个班级,孩子们就会逐渐产生小主人翁意识,继而增加他们的集体荣誉感。她开始了改变,在班级中,每次发现地面卫生问题,不会先指责、批评,而是先动手去拿打扫工具打扫起来,对于地面卫生问题较大的学生,打扫到他们旁边的时候,会进行善意的提醒。同时,她也会表扬地面卫生情况较好的、较主动打扫卫生的学生。久而久之,每次她开始打扫,学生便会观察自己桌椅周围的地面,有的学生会去拿打扫工具,有的甚至会跟她说:"老师,把扫帚给我,让我来打扫吧。"一切都在往好的方向发展。

对于一个班级来说,班干部的榜样带头作用固然重要,因为他们是班级同学们推选出来的最优秀、最能干的同学,他们最能代表班级,走在班级前列。但如何带动班干部和班级其他同学的积极性,引导他们向上发展,教师的带头作用更加重要。唐太宗李世民悼念魏徵时说道:"以铜为镜,可以正衣冠;以古为镜,可以知兴替;以人为镜,可以明得失。"唐太宗把魏徵看作自己的一面镜子,有了魏徵这类能人的直言进谏,才开创了繁荣的"贞观之治"。其实,在学校里,孩子就是教师的一面镜子,教师的所有表现都会在孩子身上、在班级中体现出来。如果教师文明谦逊、彬彬有礼,那教育出来的孩子一定不会举止粗俗、难登大雅之堂。

从杨老师身上她学到很多。教师,要有坚定的理想信念,有甘于奉献的道德情操。做学生锤炼品格的引路人,做学生学习知识的引路人,做学生创新思维的引路人,做学生奉献祖国的引路人,我们在路上。

二、爱的艺术

教育家苏霍姆林斯基曾说过:"教育者应当深刻了解正在成长的人的心灵。……只有在自己整个的教育生涯中不断地研究心理学,加深自己的心理学知识,他才能够成为教育工作的真正的能手。"教育是一种爱的艺术!这种爱虽然不同于母爱父爱、关爱友爱,但是师爱却能让一颗颗心灵健康茁壮地成长。

我校一位老师班级中有一个学生,名叫小超。这个孩子原本只是学习习惯不好,经常漏做作业。可六年级下学期的时候,父母离异,他便开始厌学。不做作业的情况越来越严重,有时即使做了,也并不完整,书写十分潦草、正确率很低……面对这一情况,这位老师找他谈心,希望小超同学不要因为父母的事情影响自己的学习,要按时完成作业,争取进步。他总是一副爱理不理的样子,一如既往,毫无改进。

　　一天晚上十一点,小超妈妈打电话给这位老师,和他说:"宋老师,您知道的,我和他爸爸离婚了。因为小超想和我一起生活,这段时间他就和我住在一起。可是他并不听我的话,我去上班,叫他自己完成作业自己吃晚饭,等我回到家,他不完成作业饭也不吃,我批评小超几次,他还是不听。今天又是这样,我很生气,就说既然你不听我的话,那你和爸爸一起生活吧! 小超竟然张口骂我,还动手拉扯我的头发……"说到这,妈妈泣不成声。之后,小超被爸爸接过去生活。等回到爸爸家的时候,已经是凌晨一点了。

　　第二天,小超未到学校读书。放学后,老师马上来到小超家进行家访。和其父亲进行了沟通,了解孩子的家庭情况和心理变化。经过一番交流后得知,孩子的现状基本和妈妈电话里诉说的情况相符。之后,在小超的房间里,老师和小超进行了一个小时的促膝谈心。通过交谈,他了解到父母离异对孩子的伤害非常大,小超又是管不住自己的孩子,脾气和父亲一样暴躁,竟然对自己的母亲打骂……他对小超进行了疏导,令人欣慰的是,小超最终意识到了自己的问题,并向母亲道了歉。这件事触动了这位班主任,父母离异或单亲家庭对孩子心理的伤害非常大。父母离异、孩子自暴自弃,使小超成为了"后进生"。有鉴于此,这位老师在处理学生各类事件时都会三思而后行,努力让最美之花在学生心中盛开。

　　学生的转化并非一朝一夕就能实现。作为教师,必须走进学生的情感世界,用耳倾听、用心感受,把自己当作学生的朋友,了解他们的喜怒哀乐,与之共情。在漫长的教育之路上,要始终满怀信心、爱心、耐心,为每一位学生的成才倾注心血!

　　教师,这一平凡而又普通的人群,却有着无穷的力量。他们给予学生的理解、宽容、尊重、鼓励,犹如春风化雨,润物无声。他们诱发学生的内省,净化学生的心灵,使学生能有前进的勇气,能扬起理想的风帆,最终驶向胜利的彼岸。这份爱,澄澈而纯粹。

第 二 章

丰富心灵：给予每一个孩子坚持到底的力量

愚公移山贵在坚持，绳锯木断贵在坚持，水滴石穿贵在坚持。我们应该眼看前方，坚持不懈地踏踏实实地走好每一步，不急于求成，不拔苗助长。教育不是一蹴而就的事，教育需要教师无私的爱，需要教师全身心地投入，需要教师不断地探索。教育贵在坚持、难在坚持、成在坚持。好的教育，好的学校，好的课程，总是给予每一个孩子坚持到底的力量。

学校如何形成具备自身特点的课程体系？学校如何建构自己的教育哲学？学校育人目标、课程目标、课程门类之间如何形成严密的逻辑性？这是困扰我们的一系列问题。为此，学校在教育哲学的引领下，建立课程要素之间稳定的内在联系，形成一个互相联系、彼此协调的课程体系，充分发挥九年一贯制学校贯通发展的优势。

第一节　让我们一如既往地坚持

　　教育不是一蹴而就的事。在我们看来，教育是世界上永恒的事业，学校是化解一切坚冰的地方。为此，上海市昆明学校践行"有恒"文化，落实"习恒心、行恒事、求恒远"之办学旨趣，聚焦学生全面发展，聚焦教师专业成长，聚焦学校内涵建设，不断优化育人环境，提升办学品质。

一、教育哲学

　　吕叔湘曾说过，教育的性质类似农业，而绝对不像工业。这是对教育规律的一个恰如其分的比喻。教育要坚持慢的原则，不能急功近利、拔苗助长。教育工作者不能只关注教育的结果、关注孩子的成绩和外在表现,而要有等待的耐心,有精耕细作的恒心,在期待和倾听中让孩子品尝成功、感受失败,从而真实成长。

教育贵在有恒。教育是一项需要持之以恒的任务,并允许反复,所以,不要指望一劳永逸,持之以恒的教育才能方得始终。学校秉持"有恒"文化,倡导"坚持"精神,提出"恒教育"之哲学,打造具有时代气息的、面向世界的未来学校。学校借此营造积极向上、持续追梦的文化氛围,树立正确的教育价值观。

(一)"恒教育"的价值追求

众所周知,毅力是促进学生健康成长的关键因素,也是缓解压力的重要保护性因素。在现代心理学中,毅力被定义为"一种为达成长期目标而坚持不懈并充满激情的特质"。从定义来看,毅力包含了两个维度:一为对某长期目标持久的热情(兴趣一致性);一为坚韧不拔的努力(坚持努力)。毅力可以保证学生对长期目标的持续热情,不忘初心,持之以恒,专注投入,并在这一过程中自我激励、自我约束,在面对挫折时勇于探索和挑战。

恒毅力是一种基础性的人格特征。何谓恒毅力?恒毅力是为了实现积极、重大且长远的人生目标与价值,需要付出的巨大激情和坚强毅力。没有激情的坚毅是漫长的苦役,没有坚毅的激情只是一时的澎湃。只有激情和坚持合二为一,贯彻始终,才是所谓的恒毅力。高恒毅力的人将实现目标的过程视为马拉松而不是短途冲刺:当失望或无聊的情绪袭来时,低恒毅力者会选择放弃或改变路线,而高恒毅力者会选择坚持到底。恒毅力是人可以在数年甚至数十年的时间尺度上,忍受短期奖赏或回报的匮乏,努力提升自我和积累资源以实现极具挑战性的人生宏伟目标。拥有恒毅力并不会在客观上减少或消除压力、挑战或磨难,但会让人从积极的角度去看待它们,从而获得持续的正面情感体验和坚持不懈的动力。恒毅力强者常具有更广阔和长远的时间视角、更宏观地对自我及环境的评估、更坚定的激励方向、更强的资料收集和分析能力以及更系统的思考和行动能力。[1]

我们认为,恒毅力是一种结构化的、基础性的人格特质。上述研究认为,恒毅力主要包括三个维度、六个要素。(见表2-1)[2]

表2-1 恒毅力的阐释

分　类	主要要素	主要要素的分项阐释
个体管理	可应对挑战的身体素质	为了成功应对挑战,首先需要有良好的身体素质作为行动和思考的基础。良好的身体素质主要包括全面的肢体发展、心肺功能、耐力等。身体素质的培养对心理素质的培养有着深刻的影响
	行为及情绪的自我控制	有较强的专注力、能有效地控制自我情绪、对自己的行为进行有效管理。有较好的抑制冲动和延迟满足的自律能力;在每一段时间可专心完成一件事情;遇到困难时不会出现情绪崩溃或逃避行为
	对困难的适应和处理	面对困难时,能够自己进行情绪调节,敢于面对挫折和失败;学会分解任务,采取具体的、可逐步执行的措施,最终解决困难的问题
群体关系	领导力和团队精神	具有较强的团队合作能力。这种能力不仅体现在带领群体做出合理判断和决策、懂得正确与队友交流和沟通、勇于承担责任;也体现在能服从团队角色分配,积极做好本职工作,并与团队领袖和队友有良好的沟通与配合
	爱和被爱的能力	一方面,对他人形成积极的评价方式;能够欣赏他人优点,尊重他人特性,帮助他人进步;能够敏锐地感知他人的情感需求并予以积极的鼓励和支持;能在与他人相处时避免嫉妒、猜疑、诋毁等消极情绪或行为,提倡正面积极的相处、合作氛围;另一方面,也能够欣赏自己的长处,并有效地与他人沟通,寻找和接纳他人对自己的理解和赏识

---

[1] 张笑来,姜斌.恒毅力养成:针对城市学龄前儿童的一种自然教育[J].风景园林,2019,26(10).
[2] 张笑来,姜斌.恒毅力养成:针对城市学龄前儿童的一种自然教育[J].风景园林,2019,26(10).

分　类	主要要素	主要要素的分项阐释
内在驱动力	持久且坚韧的激情	能产生由内在动机和积极情绪引发的、自愿意志引导的对某个目标或事物的持久兴趣；这种兴趣不会因为困难或挑战而衰减，而会因为一步步克服困难和挑战而变得更加强大而坚韧

恒毅力需要从小循序渐进地培养，是一个动态持续的过程，"恒教育"是个体在不同成长阶段的必修课。第一，恒毅力是提升自主学习能力的重要路径。第二，恒毅力是提升幸福感的正面力量。值得注意的是，我们所主张的、指向恒毅力培养的"恒教育"并不等同于中国传统文化中的"苦其心志"，"恒教育"要求用积极和乐观的方式去面对挑战。这种积极的方式可以是积极的对长远目标及人生价值的笃定、积极的自我认知、积极的人际关系以及积极的情绪和行为管理。这便是"恒教育"的价值追求。

(二)"恒教育"的基本内涵

我们有一个基本观点：教育是毅力之源。在一般意义上，教育需要毅力；在终极意义上，教育就是毅力的获得，就是恒久的坚守。

我们认为，"恒教育"是聚焦个性全面发展的一种新时代教育形态，是以积极的方式培育具有恒毅力之人格的教育，是让人时时感受到被鼓励、被期待的教育，是每一个孩子都能放心地打开自己的教育，是学校的教育价值观和内涵发展方法论。"恒教育"是对未来教育的责任、期望、场所、内容、方法、关系、形态和文化等的本质界定，是以马克思主义"人的全面发展"理论为指导，关注儿童人格、认知、情感、审美和身体发展，促进学生全面发展的一种教育范式，是学校发展素质教育的实践探索,是学校内涵发展的理论概括。

在我们看来,"恒教育"是完整教育,倡导科学人文有机统一;"恒教育"是个性教育,张扬生命个性;"恒教育"是创造教育,引领未来发展。面对智能技术时代,我们必须重新思考学校教育,通过使用人工智能、大数据等手段,充分认识新技术对教育的推动作用,以满足人们越来越高的智能化教育需要,使人们用最喜欢、最适合、最有效的方式进行学习,让每一个学生都能充分享受量身定制的个性化教育服务。"恒教育"是以培养恒毅力为目标,全面深入地开发学生潜在创造力,培养创造型人才的一种新型教育实践范式。其主要特点有:突出积极思维品质,以培养学生的创造性思维能力为重点;注重个性发展,让学生的禀赋、优势和特长得到充分发展,以激发其创造潜能;注意启发诱导,激励学生主动思考的韧劲;重视非智力因素,培养学生良好的积极心理品质。

"恒教育"的目的不在于促使儿童发展得更快,而应是让他在发展的每一个阶段都获得丰富的生命体验,使他充分地享受生命的每一刻。我们期望,每一个孩子都向着未来睁大好奇的眼睛,用积极和乐观的方式去面对挑战,让生命如其所是地绽放。

(三)"恒教育"的理论基础

"恒教育"是以马克思主义"人的全面发展"理论为指导,关注儿童人格、认知、情感、审美和身体发展,促进学生全面发展的一种教育范式,是学校发展素质教育的实践探索,是学校内涵发展的理论概括。

马克思说:"人以一种全面的方式,就是说,作为一个完整的人,占有自己的全面的本质。"马克思主义关于"人的全面发展"理论具有丰富的思想内涵,主要体现在以下几方面。一是人的活动的全面发展。它既表现为人的实践活动内容和形式的丰富性、多样性和变化性,又表现为人的需要和能力的全面发展。二是人的社会关系的全面发展。个人社会关系的全面性发展包括人的社会关系的普遍性发展和全面性发展,意味着个人社会关系的全面丰富、个人社会交往的普遍性、人对社会关系的共同控制及个人在自身所处的社会关系中充分而协调地发展自己的全部特性。三是人的素质的全面提高。人的素质的全面提高表现为人的身体素质、心理素质、思想道德素质和科学文化素质等的发展和完善,以及各种素质之间的均衡协调发展。人的全面发展最终要体现在价值的实现上,它标志着个人能够满足社会的某种需要,在某一方面有所成就,得到社会的认可。四是人的个性的全面发展。人的个性的发展,从内容上体现为个人倾向性的充分展现和满足,社会价值的更加优化,以及各种个性要素的相互协调。① 毫无疑问,发展个性是开发人的创造力、落实全面发展的重要前提。

(四)"恒教育"的人学意蕴

人是一种超越性的存在。超越性的存在,既是教育的人学依据,也是教育之所期待。教育所期待的超越性的人,是把超越和创造作为自己生活取向的人。超越性于人而言并非某种可有可无的特征,而是人的不可或缺的存在维度。超越,这一维度表现了人性的丰富性:向世界的开放性、不断否定给定性、不断指向未来的可能性、不断改变生活和改造世界的目的性。这也就是教育所要彰显的人性维度。教育所期待的不仅是在实践活动中力图去超越现存的生存境遇,努力创造更好生活的人,同样也是在思想和意识中不断去探寻人的存在价值、意义、理想和目

---

① 范鑫怡. 马克思主义·青年说第 1596 期——【奋进新时代,争做新青年】[EB/OL]. (2021 - 10 - 19)
[2024 - 8 - 5]. https://mp.weixin.qq.com/s/IBqsHY35hWQvq-YtDEaxcA.

的,寻求精神和思想超越的人。①

"恒教育"以全面发展的核心指向,崇尚开放性思维,关注个体的自由个性并以此作为创造的基础与目标。人的自由全面发展是"恒教育"的人学立场及目标,主体赋值与人的自我超越是"恒教育"的价值逻辑。"恒教育"深植于人学思想,其立场和目标是实现人的自由而全面发展。在人学视域下,教育不仅具有"属人"性,也是"为人"的,教育中呼唤不能把人仅仅当作是教育的对象,人更应成为教育目的本身,在教育中要把人放在最核心的位置。

教育是一场没有终点的旅行。"习恒心、行恒事、求恒远"是我校的办学旨趣。"恒教育"含有实践意义上的价值建构意味,要为人的可能生活奠基,积极引领个体进行精神家园的建构,给予每一个孩子坚持到底的毅力。为此,我们秉持如下教育信条:

> 我们坚信,
> 教育贵在有恒;
> 我们坚信,
> 恒毅力是幸福之源;
> 我们坚信,
> 学校是创造奇迹的地方;
> 我们坚信,
> 爱是化解一切坚冰的力量;
> 我们坚信,

---

① 鲁洁.超越性的存在——兼析病态适应的教育[J].华东师范大学学报(教育科学版),2007(4).

一辈子学做教师是教育最智慧的选择；

我们坚信，

让生命一如既往地坚持是教育最美的姿态；

我们坚信，

给予每一个孩子坚持到底的力量是教育的使命。

二、课程理念

基于上述教育哲学，我校提出自己的办学理念：有恒。进一步，我们确定学校课程理念是：给予每一个孩子坚持到底的力量。这一课程理念有丰富的内涵。

1. 课程即生命的眷注

每个学生天赋不同、秉性各异，都是鲜活而不可复制的生命个体，教育的真谛在于创造适合每一个学生发展的课程。眷注生命，是课程的旨趣；让生命在课程中遇见美好，是课程的追求。让学生在课程中寻找美、发现美、成为美；在自然中，在艺术中，在科学中不断地遇见美、享受美。美好的时光让内心充盈而丰富。相信总有一天，他们一定能创造美，并与这个世界分享自己的创造。

2. 课程即力量的给予

培根说：知识就是力量。课程应该是活的知识，应该是力量的给予。在这里，儿童将与整个世界相遇。课程是全面发展、健康成长的力量源泉，课程设置得适切与否，直接关系到儿童对于课程的接受程度和习得成效。适切的课程可以带给学生快乐的体验，让学生有着无限的眷念，有不愿割舍的情感。我们希望通过学校课程,让每一个孩子具有同情心,具有协作精神和服务他人的精神;学会一定的运动技能,具有健康的体格,良好的卫生习惯;养成探究的学习与生活态度,内心富足,且具有表意的潜力;能够欣赏自然美和艺术美,养成快乐向上的精神品质。一句话,课程应该给予生命成长的力量。

3. 课程即学习的场景

课程不仅仅是学习的内容,课程是学校提供给学生生命成长的资源的总和,是育人的资源和学习的场景。学校建设的场馆、开设的各门功课、营造的育人氛围、举行的各类活动都为学生的生命提供了课程场景。这些课程场景成为镌刻于心灵的成长经历,孩子们走过的每一个瞬间,都是生命里最美的风景。课程即学习的经历,为学生提供学习的氛围、学习的空间和学习的过程,让学生在学习过程中经历成长,经历挑战,经历收获。每一门优秀的课程就是学生一段难以忘怀的学习经历。学校在课程理念上实现了突破性变革,即树立起课程是为学生提供学习经历并使其获得学习经验的观念。

4. 课程即个性的生长

每个人都应该拥有自己的梦想。梦想是生命的灵魂,是心灵的灯塔,是引导生命走向成功的信仰。有了高远的梦想,只要矢志不渝地追求,梦想就会成为现实,奋斗就会变成壮举,生命就会创造奇迹。课程是未来的开启,体现未来立场的课程,在价值追求上,是理解差异、尊重差异、包容个性、引导发展的。因此,课程助力孩子倾听未来,让每一个孩子在课程中展现个性的生长、灵性的神韵、缤纷的色彩、多样的经历和本真的境界。

总之,学校课程理应让每一个孩子向着活泼泼的生命状态迈进。我们努力为每一个孩子设计有意义的学习经历,精心规划学校课程,让我们的学生有潜力、有实力、有动力、有活力、有魄力、有魅力,更重要的是有恒毅力。为此,我们构建焕发生机的"恒毅力课程"模式，希望通过学校课程变革，为学生设计指向恒毅力素养培育的学习经历，培养每一个孩子向上的志向、持续的动力、坚定的决心、勤奋的精神，使其拥有良好的毅力品质、自觉的学习精神及积极的心态。

第二节　有恒毅力的中国人

学校课程目标是育人目标的具体表现，也是课程功能的现实表征，是一定阶段的学校课程力图促进这一阶段学生的基本素质在其主动发展中最终应达到的预期水准。

一、育人目标

学校倡导每一个人都做有恒毅力的中国人，坚持文化知识学习与思想品德修养的统一、理论学习与社会实践的统一、全面发展与个性发展的统一。加强德育，促进学生心理健康、意志坚强；加强智育，让学生学习科学知识，认识世界的本质；加强体育，体魄强健是人的一切活动的基础；加强美育，培养学生良好的审美情趣和人文素养；加强劳动教育，培养学生热爱劳动、热爱劳动人民的情感；有机融合，提高学生的综合素质，关注学生的学习过程，唤醒学生的学习内驱力。因此，学校的育人目标是"培养具有恒志、恒学、恒心、恒美的四恒好少年"，努力使我们的毕业生具有恒定的人格力、突破的策源力、持续的健康力、独特的审美力。

——恒志：**恒定的人格力**。志存高远，求真向善，有爱国、爱党的深厚情感，具备正直的人格、善良的心灵、诚信的品格、宽容的胸怀和自律的行为，忠诚爱国、坚定信念，多了解中国历史，多感受新时代成就，树立正确的政治信仰、国家观念；要脚踏实地，融小我于大我，增强家国情怀和社会责任感；要坚守正道，崇德向善，注重修炼人格、修养品行、修身正心，具有修身、齐家、治国、平天下的家国情怀和中华民族复兴使命的责任担当，有恒定的人格力。

——恒学：**突破的策源力**。学贵有疑，慎思笃行，思维活跃，能适应当代社会发展，能在认识自己的能力的基础上，与他人建立良好的关系，具备良好的沟通合作能力，注重学习意愿和学习兴趣的养成；注重学习方式和思维习惯的培养；注重独立判断和选择能力的提升；注重探究学习与创新能力的开拓；注重合作交流与评价激励的结合，有较强的语言表达能力，有较强的逻辑思维能力，有较强的创新策源力。

——恒心：**持续的健康力**。心无旁骛，健康阳光，心理适应力强。每一个学生都要具备健康的体魄，也要具备应对各种挑战的心理适应能力，学会六种核心心态：积极的心态、坚持的心态、合作的心态、谦虚的心态、感恩的心态、学习的心态。尤其是在心理问题多发的当下，更要具备自我调控和缓解的能力，有持续的健康力。

——恒美：**独特的审美力**。美美与共，不负韶华，追求和谐的师生关系，追求友善的同学之情，追求和煦的自然之美，追求健康的生活方式，追求强健的体魄，追求艺术的熏陶，追求科学的创新，追求情趣的高雅……心恒美，青春很美。同时，有多方面的兴趣：能写一手好字，能演奏一件乐器，能懂一种绘画技巧，能说一口流利英语，能写出优美的好文章，能会两项体育锻炼技能，能学会终身受用的好方法,能养成终身受益的好习惯……有较高的艺术审美素养,有独特的审美力。

二、课程目标

在学校育人目标的指导下,我校课程不仅要满足学生知识获得的需要,更要满足学生个性全面发展的需要,满足学生的创新精神和实践能力发展的需求。为了实现培养目标,我们根据各学段、各年级学生的年龄和身心特点,将培养目标进行细化,形成九年一贯制学校的课程目标,具体见表 2-2。

表 2-2　上海市昆明学校课程目标表

育人目标 学期表现	恒志: 恒定的人格力	恒学: 突破的策源力	恒心: 持续的健康力	恒美: 独特的审美力
一年级	爱亲敬长,尊敬老师、尊敬长辈、学会感恩。初步养成良好的生活、卫生习惯,按时作息,生活有规律。喜欢和老师、同学交往,熟悉学校环境。养成良好的饮食和个人卫生习惯,自己能做的事情自己做。	初步了解一年级必需的基本知识和基本技能。经历从日常生活中抽象出数的过程,理解常见的具体现象与事物的量。在观察、比较中提出感兴趣的问题。初步用语言描述信息,依据已有的经验,对问题做出简单猜想。培养运用观察与描述、比较与分类等方法得出结论的意识。	跟着老师上体育与健康课程。初步了解简单的运动项目名称、基本的安全运动知识和方法。比较喜欢上体育课,初步学会常见的球类游戏,了解运动前做准备活动等安全运动常识。观察身边的用品,初步了解形状与用途的关系。	熟悉学校的学习和生活环境,具有参与集体活动的意识。在活动中学会信任他人。培育一点兴趣,初步认识线条、形状、色彩与肌理等造型元素。学习使用各种工具,体验不同媒材的效果。

育人目标　　学期表现	恒志：恒定的人格力	恒学：突破的策源力	恒心：持续的健康力	恒美：独特的审美力
二年级	在学校里情绪安定，心情愉快，具有初步的自我保护意识和能力。学会遵守基本规则，懂得注意安全。了解天气、季节变化等对生活的影响，学会照顾自己。看到自己的成长和进步并为此高兴。	初步了解生活中的自然、社会常识。掌握初级的测量、识图和画图的技能。在教师的指导下，从日常生活中发现和提出简单的问题并尝试解决。了解科学探究需要制订计划。简要讲述探究过程与结论，并与同学讨论、交流。经历简单的数据收集、整理和分析的过程，了解简单的数据处理方法和分析问题的基本方法。	掌握所学运动项目的动作术语，初步发展柔韧性、灵敏性和平衡能力。初步了解个人卫生保健知识和方法。在体验运动的过程中初步了解运动现象。学习民族传统体育活动项目的基本动作。采用造型游戏与语文、音乐等学科内容相结合的方式，进行无主题的想象。	积极参与班集体活动和小组活动，在学习小组中能信任小组成员并接受他人的帮助，主动分享自己的观点。积极参加学校各项活动：绘画、舞蹈、朗诵等。养成兴趣爱好。
三年级	热爱班集体、学校，获得与同伴友好交往、合作的基本方法，愉快、开朗地学与玩。学会礼貌地待人接物，学会关心他人。遵守社会道德规范，养成基本的文明行为习惯。乐于与他人分享与合作。	初步体验与社区和社会生活相联系的学习过程。对调查过程中获得的简单数据进行归类，体验数据中蕴涵着的信息。独立思考问题，表达自己的想法，体验与他人合作交流解决问题的过程。用比较科学的词汇、图示符号、统计图表等方式记录整理信息，陈述证据和结果。学会简单的调查研究方法并尝试应用、分析结果。	尝试参加新的体育活动、体育游戏和比赛。乐于参加多种体育活动，了解奥林匹克运动的知识。有主动规避运动伤害和危险的意识和行为。	在集体活动中投入情感，做出贡献后能做出得当的分享，关心团队进展和他人遇到的困难并及时提供帮助。培养积极向上的兴趣和爱好，形成坚持进行兴趣活动的习惯，积极共享自己的成果。

育人目标　　　　　　学期表现	恒志：恒定的人格力	恒学：突破的策源力	恒心：持续的健康力	恒美：独特的审美力
四年级	亲近自然,喜欢在自然中活动,初步具有保护环境、爱惜资源的意识。珍爱生命,热爱自然,爱护动植物,节约资源,为保护环境做力所能及的事。	初步形成数感和空间观念,感受符号和几何直观的作用。基于所学知识,制订简单的研究计划。正确讲述自己的探究过程与结论,倾听别人的意见,并与之交流。运用感官和选择恰当的工具、仪器,观察并描述对象的外部形态特征及现象。对自己的探究过程、方法和结果进行反思。	了解个人卫生保健知识和方法,初步了解疾病预防知识。改善体形和身体姿态。了解体能的构成,能通过多种练习发展柔韧性、灵敏性、速度、力量。	在需要时想到组成团队进行合作,具备初步的组织能力。组成团队后,各组员可以根据自身的优势进行合理的分工。欣赏符合认知水平的中外美术作品,用多种形式描述作品,表达感受与认识。
五年级	了解家乡的风景名胜、主要物产等有关知识,感受家乡的发展变化。能明辨是非,做错事勇于承认和改正。热爱革命领袖,了解英雄模范人物的光荣事迹。在他人的帮助下定出自己可行的目标并努力去实现。	在观察、实验、猜想、验证等活动中,发展合情推理能力,进行有条理的思考,比较清楚地表达自己的思考过程与结果。基于所学的知识,从事物的结构、功能、变化及相互关系等角度提出可探究的科学问题。尝试从日常生活中发现并提出简单的问题,并运用一些知识加以解决。	认识到适当的体育活动是有效的积极的休息方式,可以选择较适宜的锻炼时间、场地和运动方法等。	习惯于在探究性任务中以合作的方式学习,分工明确,配合协调。在合作中出现分歧可自行协商,初步学会彼此理解和妥协。选择合适的工具、媒材,记录与表现所见所闻、所感所想,发展美术构思与创作的能力。

育人目标＼学期表现	恒志：恒定的人格力	恒学：突破的策源力	恒心：持续的健康力	恒美：独特的审美力
六年级	爱祖国，尊敬国旗、国徽，初步了解有关祖国的历史。学会欣赏自己和他人的优点并激励自己不断进步。对未来有积极憧憬，勤奋学习，攀登成功的阶梯，懂得成功属于有刻苦精神的人。遵守学校纪律，讲文明懂礼貌。主动亲近同伴，愿意与老师、家长分享自己的真实想法，与同学友好相处，乐于帮助他人。	探索分析和解决简单问题的有效方法，了解解决问题方法的多样性。经历与他人合作交流解决问题的过程，尝试解释自己的思考过程。基于所学的知识，制订比较完整的探究计划，初步具备实验设计的能力和控制变量的意识，并设计单一变量的实验方案。基于所学的知识，采用不同的表述方式，如科学小论文、调查报告等方式，呈现探究的过程与结论；基于证据质疑并评价别人的探究报告。	增加对奥林匹克运动知识的了解。掌握有一定难度的基本身体活动方法。基本掌握一些运动项目的技术动作组合，形成良好的体育道德意识和行为。	培养多方面的兴趣爱好，喜欢探究。自己的事情自己做，自己整理衣物用品和学习用具。用简单的美术术语对美术作品的内容与形式进行分析，表达对美术作品的感受与理解。学会一项自己以前不会的劳动技能。初步感受、欣赏生活、自然、艺术和科学中的美。积极参加学校的各项艺术活动。
七年级	了解青少年身心发展的基本常识，掌握促进身心健康发展的方法，理解个体成长与社会环境的关系。学会调控情绪，能够自我调适、自我控制。感受生命的可贵，养成自尊	体验从具体情境中抽象出数学符号的过程，探索具体问题中的数量关系和变化规律，掌握各类数学表述的方法。学会制作简单的网页，初步了解编程。探索并掌握图形	初步形成体育锻炼的习惯，简要分析体育比赛中的现象与问题。初步形成积极的体育态度，基本掌握体育锻炼的知识和方法，形成自主、合作和探究学习与锻炼的能力。	培养对他人或自己的积极心理倾向和健康的情感，在新成立的班集体中积极、愉快而又有兴趣地参与合作学习，尊重同伴、独立思考。耐心地从他人那里获取有关事实、听

育人目标 学期表现	恒志： 恒定的人格力	恒学： 突破的策源力	恒心： 持续的健康力	恒美： 独特的审美力
七年级	自信、乐观向上、意志坚强的人生态度。了解自己与他人和集体关系的基本知识，认识处理自己与他人和集体关系的基本社会规范和道德规范。掌握爱护环境的基本方法，形成爱护环境的能力，形成勤俭节约、珍惜资源的意识。	的基本性质与判定方法，掌握基本的证明方法和基本的作图技能。用自己的手创造，发展动手能力和创造能力。养成良好的行为习惯，有明确的学习目标。主动思考，发言积极。	养成坚持参与体锻的习惯，形成参与运动的兴趣和爱好。形成健康的生活方式，发扬体育精神，形成积极进取、乐观开朗的生活态度。基本掌握1—2项运动技能。通过广播操、舞蹈等多种身体练习，形成正确的身体姿势。感受到体育活动给自己的生活带来的乐趣。	取意见，能为别人提供事实、发表意见、解释问题、提出建议，如询问有关人和事、请求解释、提出解决问题的思路等。将美术与自然、社会、科技相融合，探究各种问题，提高综合探索与学习迁移的能力。具有健康的审美情趣。
八年级	理解人类生存与生态环境的相互依存关系，认识当今人类所面临的生态环境问题及其根源，掌握环境保护的基础知识。逐步掌握交往与沟通的技能，学习参与社会公共生活的方法。养成孝敬父母、尊重他人、诚实守信、乐于助人、有责任心、追求公正的品质。知道法律的基本知识，了解法	体验数据收集、处理、分析和推断的过程，理解抽样方法，体验用样本估计总体的过程。体验新科技带来的乐趣与知识，学会基础操作，认识到创造性思维的重要性，体会到创造性思维带来的快乐体验，主动培养创造性思维能力。通过表述数量关系的过程，体会模型的思想，建立符号意识，在研	基本掌握并运用运动技术，如1—2组技术动作组合。基本掌握并运用较复杂的民族民间传统体育活动项目的技术。具有较强的安全运动能力，掌握常见运动损伤的紧急处理方法，基本掌握溺水的应急处理方法。积极参与体锻活动，感受运动的快乐，提高不怕吃苦的意识。养成坚持体	兴趣持久，坚持梦想，始终如一。尽自己的能力在岗位上为集体、为他人服务。有集体荣誉感，积极参加班级的各项劳动。感受、欣赏、珍惜生活、自然、艺术和科学中的美。有一个艺术爱好，对艺术学习有兴趣。通过设计改善环境与生活，表达设计意图。运用对比与和谐、对称与均衡、节奏与

育人目标　　学期表现	恒志：恒定的人格力	恒学：突破的策源力	恒心：持续的健康力	恒美：独特的审美力
八年级	律在个人、国家和社会生活中的基本作用和意义。学会搜集、处理、运用信息的方法，提高媒介素养，积极适应信息化社会。形成热爱劳动、注重实践、崇尚科学、自主自立、敢于竞争、善于合作、勇于创新的个性品质。	究过程中，进一步发展空间观念，经历借助图形思考问题的过程，初步建立几何直观。运用信息学、编程知识实现小车的模拟组建等。以日常生活为灵感设计创意游戏。养成良好的行为习惯，具有基本的分类、推理、归纳、演绎和价值判断的能力。	锻的习惯，发展体锻兴趣项目，初步具有坚忍不拔的意志。掌握2—3项体育运动技能，并发展为特长项目。	韵律、多样与统一等形式原理以及各种材料和制作方法，进行创意设计和工艺制作。愿意接受新事物，保持对新生事物的兴趣。尊重别人的劳动果实，确立劳动光荣的意识。
九年级	知道我国的基本国情，学会面对复杂的社会生活和多样的价值观念，以正确的价值观为标准，做出正确的道德判断和选择。树立规则意识、法治观念，有公共精神，增强公民意识。初步了解当今世界发展的现状与趋势。学会运用法律维护自己、他人、国家和社会的合法权益。热爱集体、热爱祖国、热爱人	建立数据分析观念，在多种形式的数学活动中，发展合情推理与演绎推理的能力。独立思考，体会数学的基本思想和思维方式。实现复杂算法和高级数据结构，并解决实际问题。挑战奥林匹克联赛等。具有创新精神和实践能力，制订自己的学习计划，对学习充满期待。乐于合作，善于合作，与同伴共同成	将安全运动的意识迁移到日常生活中，了解生活方式与健康的关系，基本掌握青春期保健知识。在运动项目练习中提高灵敏性、速度、力量、心肺耐力和健身能力。爱护生命，形成健康的体锻习惯和生活方式，形成乐观、坚韧的生活态度。积极参加体育活动，保持愉快的心情，性格开朗大方，动作更协调。	通过描述、分析、比较与讨论等方式，认识美术的不同门类及表现形式。尊重人类文化遗产，对美术作品和美术现象进行简短评述。用多种美术媒材、方法和形式进行记录、规划、创作、表演与展示，了解美术与人类生存环境、传统文化、多元文化之间的关系。有意识地、直率地表达不同意见，或对他人的观

育人目标　　学期表现	恒志：恒定的人格力	恒学：突破的策源力	恒心：持续的健康力	恒美：独特的审美力
九年级	民、热爱社会主义，认同中华文化，继承革命传统，弘扬民族精神。具有坚韧品质，在困难面前能够重新站起来，用行动反击失败。有社会责任感，有担当；明辨是非，站在他人立场理解问题。具有积极向上的人生态度。	长。具有实验动手能力和基本的科学探究能力，有正确的学习方法，有自主学习的愿望。针对他人所提的问题进行反思，初步形成评价与反思的意识。积极参与数学活动，对数学有好奇心和求知欲。感受成功的快乐，体验独自克服困难、解决数学问题的过程，有克服困难的勇气，具备学习信心。	通过国家体质健康测试。	点、见解进行批评，用简单明了的语言总结讨论要点，如反驳他人、总结其他同学的发言要点与不同观点等。主动学习一到两种艺术形式并能向同学、老师展示成果。

第三节　为获得恒毅力而设计课程

为了实现课程目标，学校根植中国优秀文化，致力于办一所特色鲜明的未来学校。为此，学校积极探索横向融合、纵向贯通的九年一贯制课程体系，实现学校的美好发展愿景。

一、学校课程结构

根据"恒教育"之哲学理念,设计"恒毅力课程"框架,建构"恒品课程、恒语课程、恒智课程、恒创课程、恒健课程、恒艺课程"六大领域课程,为儿童获得恒毅力而设计课程。(见图 2-1)

图 2-1 上海市昆明学校"恒毅力课程"结构图

上图中,"恒毅力课程"各大领域内涵如下:

1. 恒品课程

是指自我与社会类课程,主要包含"欢度国庆、文明守仪、劳动光荣、热爱集体"等。学生在"恒品课程"学习过程中发展正直的人格、诚信的品质、宽容的胸怀和自律的行为,培养家国情怀和责任担当。

2. 恒语课程

是指语言与交流类课程,主要包含"拼音游戏、情境识字、日有所诵、英语剧场"等。"恒语课程"培养和发展学生的记忆力、认知力、表达力、自信力、沟通力、为人处事能力及自省力。

3. 恒智课程

是指逻辑与思维类课程,主要包含"有趣的数字、小小设计师、我的一天、算术小达人"等。"恒智课程"培养学生主动思考、发现和解决问题的能力,提高学生的创新思维能力。

4. 恒创课程

是指科学与技术类课程,主要包含"奇妙磁铁、认识方位、四季与植物、显微视角"等。"恒创课程"培养学生的好奇心、想象力及科学精神,孩子们会勇于尝试、探究世界、独立思考。

5. 恒健课程

是指体育与健康类课程,主要包含"韵律操、花样跳绳、欢乐乒乓"等。"恒健课程"促进青少年健康成长、增强体质、锤炼意志、健全人格。

6. 恒艺课程

是指艺术与审美类课程,主要包含"动物园、小小音乐家、海底世界、水彩花卉"等。在"恒艺课程"中,学生学会基本艺术知识和艺术技能,培养发现美、欣赏美、体验美的品格和能力。

二、学校课程设置

义务教育课程包括国家课程、地方课程和校本课程三类：以国家课程为主体，奠定共同基础；以地方课程和校本课程为拓展补充，兼顾差异。我校结合学校的办学特色及现有的课程资源，将学校课程划分为"恒品课程、恒语课程、恒智课程、恒创课程、恒健课程、恒艺课程"，按照年级和学期进行系统设计，形成学校课程设置体系，以多种课程形态服务学生个性化学习需求。除了国家课程和地方课程之外，我校"恒毅力课程"设置见表2-3。

表2-3　上海市昆明学校"恒毅力课程"设置表

年级 \ 课程		恒品课程	恒语课程	恒智课程	恒创课程	恒健课程	恒艺课程
一年级	上学期	· 欢度国庆 · 团圆中秋 · 快乐春节 · 活力杨浦 · 周末有约	· 拼音游戏 · 情境识字 · 规范书写姿势 · 日有所诵 · 绘本阅读 · 我说你做	· 有趣的数字 · 小小设计师 · 我的一天 · 勇闯智慧岛	· 认识小动物 · 奇妙磁铁 · 五官的作用 · 认识方位 · 学做值日涨知识	· 体育训练 · 韵律操 · 趣味跳绳	· 奇妙的声音 · 好朋友 · 动物园 · 手掌画 · 漂亮建筑 · 美丽天空
	下学期	· 文明守仪 · 劳动光荣 · 我入队啦 · 活力杨浦 · 周末有约	· 巧识字 · 日有所诵 · 绘本阅读 · 请你帮个忙 · 言心情述心愿 · 模仿我最像	· 算术小达人 · 七巧板的奥秘 · 生活中的分类 · 摆一摆，想一想	· 空气知多少 · 水中的魔法 · 植物保育员	· 体育训练 · 韵律操 · 趣味跳绳 · 牧童玩篮球	· 春天的歌声 · 住在童话里 · 小小音乐家 · 走进大自然

课程 年级		恒品课程	恒语课程	恒智课程	恒创课程	恒健课程	恒艺课程
二年级	上学期	· 老师我爱您 · 我爱祖国 · 热爱集体 · 周末有约	· 字典识字 · 日有所诵 · 桥梁书籍阅读 · 商量规范留言 · 变废为宝 · 小小领读员	· 计算小能手 · 神奇的大象 · 排列与组合 · 身上的尺子	· 四季与植物 · 水培初体验 · 花形相框 · 废品变身记 · 厨房小能手 · 小小交通员	· 加油Amigo（韵律操） · 趣味跳绳	· 快乐的音乐会 · 跳起舞，新年好 · 繁星点点 · 流动的水 · 画里的故事 · 城市之美 · 京剧脸谱
	下学期	· 浓情端午 · 讲文明，懂礼貌 · 走进清明 · 周末有约	· 字典识字 · 养成书写习惯 · 日有所诵 · 桥梁书籍阅读 · 长大以后 · 我的好朋友 · 中国美食	· 计算竞技场 · 美丽的剪纸 · 整理数据有妙招 · 小小设计师	· 我们的家园 · 四季与生物 · 神奇的科技 · 谁是大力士 · 我们爱清洁 · 水果巧制作	· 体育课堂常规训练 · 加油Amigo（韵律操） · 趣味跳绳	· 难忘的歌 · 美丽家园 · 游乐场里欢乐多 · 海底世界 · 可爱的树叶 · 花儿朵朵 · 星星的故事
三年级	上学期	· 感恩老师 · 祖国您好 · 环保小卫士 · 快乐春节 · 周末有约	· 成语花园 · 练习硬笔书写 · 日有所诵古诗词150首 · 童话故事 · 谁是演员王	· 开心算术 · 装扮美丽校园 · 有趣的维恩图 · 数字编码本领大	· 小气象员 · 空气的秘密 · 神奇的溶解 · 奇妙的声音 · 校园小主人	· 体育课堂常规训练 · Wewillro-ckyou（篮球操） · 趣味跳绳	· 乐器小世界 · 我会唱 · 舞动青春 · 色彩基础知识 · 水彩花卉

课程\年级		恒品课程	恒语课程	恒智课程	恒创课程	恒健课程	恒艺课程
三年级	下学期	· 我爱劳动 · 快乐六一 · 爱护校园 · 周末有约	· 成语花园 · 熟练硬笔书写 · 日有所诵 · 古诗词150首 · 寓言故事 · 春游去哪儿玩 · 英语勤阅读	· 算术小游戏 · 装扮教室 · 统计喜欢的活动 · 我来做日历	· 安全用电 · 形态万千 · 植物的秘密 · 小建筑师 · 垃圾我分类 · 红薯田园乐 · 巧手小工匠 · 瓦楞纸版画	· 体育课堂常规训练 · Wewillrockyou（篮球操） · 趣味跳绳 · 牧童懂篮球	· 小小演奏家 · 美妙歌声 · 动人的和声 · 基础技法——湿画法 · 水彩静物 · 绿色韵味
四年级	上学期	· 我是小主人 · 爱上科学 · 小小志愿者 · 周末有约	· 初识字理 · 熟练书写硬笔正楷 · 朗读大咖秀 · 句子大比拼 · 讲演达人秀	· 计算大比拼 · 平行四边形的不稳定性 · 学做条形统计图	· 神奇的旅行 · 童心建乐园 · 麦地管理员 · 绿豆变身记 · 灵动的豆芽 · 今天我下厨	· 体育课堂常规训练 · Wewillrockyou（篮球操） · 趣味跳绳 · 牧童懂篮球	· 初识小乐器 · 快乐奏歌 · 音乐之声 · 水墨春天 · 彩墨瓶 · 石韵
	下学期	· 快乐六一 · 继承传统 · 安全记心中 · 幸福生活 · 周末有约	· 初识字理 · 熟练书写硬笔正楷 · 科技故事 · 说新闻 · 美篇共聆听	· 巧算我能行 · 三角形的稳定性 · 直条对对碰 · 营养午餐知多少	· 呼吸的奥秘 · 飞得更高 · 燃烧的秘密 · 机械师 · 学收纳，会分类 · 采摘季 · 艺术作品展	· 体育课堂常规训练 · Wewillrockyou（篮球操） · 趣味跳绳	· 趣味弹奏 · 奇妙音乐会 · 多样弹唱 · 彩墨花鸟 · 墨荷 · 蔬果飘香

课程 年级		恒品课程	恒语课程	恒智课程	恒创课程	恒健课程	恒艺课程
五年级	上学期	· 爱我中华 · 小小志愿者 · 环保小卫士 · 周末有约	· 追根溯源学汉字 · 提升速度写正楷 · 制定班级公约 · 畅想家乡未来 · 推荐一本书	· 奇妙的算术 · 多边形的面积 · 谁是大赢家 · 游戏规则我来定	· 珍惜时间 · 生命的旅程 · 绿地小主人 · 菜肴围边我最棒 · 品泡菜百味 · 我是拼盘师	· 体育课堂常规训练 · 创意绳操 · 花样跳绳	· 唱响童年 · 认识民乐 · 悠扬民族情 · 水墨童趣 · 水墨画鱼 · 花鸟画 · 梅兰竹菊
	下学期	· 红领巾寻访 · 劳动光荣 · 悦纳自己 · 周末有约	· 追根溯源学汉字 · 小古文 · 写作小达人	· 速算我最棒 · 立体图形的奥秘 · 变化趋势我知道	· 玩具总动员 · 变废为宝 · 快乐收获节 · 完美设计师 · 植物调查员 · 小小体验师	· 体育课堂常规训练 · 创意绳操 · 花样跳绳	· 聆听好声音 · 载歌载舞 · 静雅国乐 · 水墨动物 · 家乡古桥
六年级	上学期	· 学习队作风 · 群星璀璨 · 周末有约	· 汉字英雄 · 尝试优美行楷 · 我是演说家 · 声临若其境 · 听我讲世界 · 创编显能手	· 算术乐园 · 圆规创造美妙世界 · 读懂扇形统计图 · 起跑线中的秘密	· 健康大本营 · 种植讲堂 · 班级树,感恩树 · 我是小厨神 · 探索家	· 创意绳操 · 花样跳绳	· 悠扬民歌 · 美丽童话 · 京腔京韵 · 剪纸文化 · 花团锦簇

课程\年级		恒品课程	恒语课程	恒智课程	恒创课程	恒健课程	恒艺课程
六年级	下学期	• 祖国明天更美好 • 跟党走 • 感恩有你 • 周末有约	• 汉字英雄 • 声临若其境 • 听我讲世界 • 阅读分享会 • 创编显能手	• 计算大闯关 • 图形大团圆 • 统计大团圆 • 自行车中的数学	• 人类的祖先 • 在希望的田野上 • 手拉手,共成长 • 成长手册写满情 • 束束鲜花送母校 • 最美摄影师	• 创意绳操 • 花样跳绳	• 古风新韵 • 银屏之声 • 神奇的印象 • 京剧脸谱 • 十二生肖 • 瑞兽闹春
七年级	上学期	• 道德法治 • 道德观察	• 语文 • 英语 • 小小演说家 • E手好字	• 数学 • 生妙几何 • 非常测量	• 疯狂酵母 • 玩转地球 • 网事如风	• 体育健康 • 欢乐乒乓 • 羽你相约	• 音乐 • 美术 • 铿锵之音 • 纸韵墨雅
	下学期	• 道德法治 • 道德观察 • 上海采风	• 语文 • 英语 • 快乐写作 • 英语模仿秀	• 数学 • 生妙几何 • 非常测量	• 花为谁开 • 玩转地球 • 网事如风	• 体育健康 • 绳彩飞扬 • 羽你相约 • 快乐足球	• 音乐 • 美术 • 铿锵之音 • 形体舞蹈 • 妙笔生画
八年级	上学期	• 道德法治 • 举案说法 • 景区研学	• 语文 • 英语 • 爱唱古诗文 • 魔力耳朵	• 数学 • 几何模型 • 魔方复原	• 智能寻轨器 • 显微视角 • 智慧背囊	• 欢乐乒乓 • 羽你相约 • 活力啦啦操	• 铿锵之音 • 纸韵墨雅 • 数字化艺术
	下学期	• 道德法治 • 举案说法 • 向海图强	• 语文 • 英语 • 爱唱古诗文 • 魔力耳朵	• 数学 • 几何模型 • 魔方复原	• 智能寻轨器 • 显微视角 • 且听风吟	• 欢乐乒乓 • 绳彩飞扬 • 快乐足球	• 形体舞蹈 • 妙笔生画 • 数字化艺术

年级	课程	恒品课程	恒语课程	恒智课程	恒创课程	恒健课程	恒艺课程
九年级	上学期	・道德法治 ・时政开讲 ・红色研学	・语文 ・英语 ・经典小屋 ・悦读联播	・数学 ・非常测量 ・生活数学	・物理 ・化学 ・百拼电子 ・趣味化学	・羽你相约 ・欢乐乒乓	・音乐 ・美术 ・纸韵墨雅 ・数字化艺术
	下学期	・道德法治 ・时政开讲 ・成长礼	・语文 ・英语 ・经典小屋 ・英语剧场	・数学 ・非常测量 ・生活数学	・百拼电子 ・趣味化学 ・生活物理	・欢乐乒乓 ・快乐足球	・音乐 ・美术 ・妙笔生画 ・木雕工艺

第四节　办一所让童年永恒的学校

课程实施与评价是学校办学理念和育人目标落地的充分体现,是学校课程哲学实践过程。为了更好地贯彻党的教育方针,落实立德树人根本任务,发展素质教育,深化课程教学改革,促进教与学方式改革,我校从"恒智课堂""恒明学科""恒趣社团""恒态节日""恒道探究""恒爱有约""恒温之旅""恒美校园"等途径着手推进学校课程实施,努力办一所让童年永恒的学校。

一、建构"恒智课堂",提升课程实施品质

教育不仅仅是让学生获得知性,它是源于生命发展的需要,生命发展的过程

就是教育的过程。课堂教学应该为人的生命的自由生长提供多种条件。课堂教学不仅要观照学生的理性,而且要关注其非理性的发展;不但要教人求真、向善,更要引导人审美。教师通过课堂教学,激发学生的知、情、意、行,使它们互为表里、互相推动,促进其主体性的发展;通过课堂教学,使学生获得自己的感悟,激发自己的情感共鸣,并将知识内化为一种对人生、对生活的态度,从而领略生命力量的顽强与伟大、生命现象的多姿与精致、生命内涵的超脱与高尚。

(一)"恒智课堂"的实践操作

"恒智课堂"的核心理念是"环境即资源,学习即创造,教学即研究"。儿童立场、探究取向、行动逻辑和创新旨趣是"恒智课堂"的关键特征。

所谓儿童立场,即尊重学生在世界中的独立价值,在研究学生的基础上,展开"由于学生、经由学生、为了学生"的课堂实践。教师基于班内不同学生的个体差异和学情特点,设计学习目标、学习活动和评价活动等,学生也能在真实情境的复杂问题解决过程中收获个人素养发展和内在的智慧生成。[①]

所谓探究取向,即把探究视为学生与世界交往的方式,激发学生展开对生活世界和科学世界的探索,在充分尊重每一位学生独特探究方式的基础上实现学生观念认知和意义建构的统一。知识成为学生自我探索新世界的资源,课堂教学成为学生结合自身体验建构知识并内化为个人成长体验的过程。[②]

所谓行动逻辑,即在特定时空场域下,师生通过合作、对话、交往和做事推进课程文化的传授、发展和创新,最终促成学生个性发展的过程。教师在本质上是学生学习的促进者和服务者,只有借助情境创设、发问质疑、现场体验等多种教的

---

① 陆卫忠,张雅倩.素养导向下区域推进创智课堂的实践研究[J].上海教育科研,2023(3).
② 陆卫忠,张雅倩.素养导向下区域推进创智课堂的实践研究[J].上海教育科研,2023(3).

艺术,引起学生思考、协作、猜测、讨论、实验等,逐步将思维的主动权、课堂的话语权和知识的探究权交还给学生,才能实现由教的逻辑到学的逻辑的真正转向。当师生从各自的已有"视界"出发,融入文本情境、释放本真情感、创造精神对话和达成意义建构,学生也因此体验到学习的内在价值,开始追求愉悦自在的学习自由,学习逻辑的品质得以跃升。①

所谓创新旨趣,即以创新作为课堂教学的要旨,视创新为全体学生个性健全的自然表现。需要强调的是,"恒智课堂"坚持的创新根本上是希望每一位学生都能够找到符合个人天性和发展可能的个性化的健康人格,同时学生需要能够通过课堂实践将创造性观念、创造性思维转化为创造性行动、创造性产品。②

当前,我们要进一步聚焦新课改发展契机,全面深化新课标解读,有效增强教学指导功能,根植课堂教学,务实提升常规教学效果。

1. 创新课堂教学模式

坚持基于标准教学与评价的导向,落实义务教育新课程方案、新课程标准的要求。组织教师认真研读分析各学科新课程标准,明确贯穿其中的立德树人价值导向,形成基于标准的教学意识和学科核心素养培养的教学价值取向。积极开展学科德育、课程思政工作,发挥课程的育人价值。在国家课程实施中,积极探索项目化学习、跨学科学习、单元整体学习等"双新"理念倡导的学习方式,进一步打通学科壁垒,沟通课堂内外,实现综合育人,以教与学方式的转型推动育人方式变革。

2. 建设高效的教研组

加强学习型科组建设。建设高水平学习型科组,持续开展优秀教研组、优秀

———————————
① 郑会敏,罗生全. 课堂教学逻辑的内涵、结构与发展理路[J]. 教育理论与实践,2019,39(22).
② 陆卫忠,张雅倩. 素养导向下区域推进创智课堂的实践研究[J]. 上海教育科研,2023(3).

备课组、优秀教师个人评选活动,提升总体教研教学能力。加快构建统一的优质备课资源库、示范课信息库。创新教研工作机制。构建"年级教研—科组教研—跨学科教研"三层合一教研。强化以学科教学指引、教学改革项目协同研究、优秀科组教研经验推广、主题研讨与示范课引领、学业质量监测分析为主的教研方式。构建智慧教研新模式,加强线上教研,借力大数据分析,构建教育教学大数据平台和教与学诊断系统,实施精准教研、精准教学诊断。高效开展学科教研活动,深度落实五课一体化教研活动(个人备课、集体研课、汇报课、说课、议课)。

3. 落实"双减"提升素养

实施义务教育高质量提升五年行动计划,落实"五项管理",系统化设计日常教学、课后服务和暑期托管课程内容,真正减轻学生过重的课业负担。推进教学方式变革,提升教学质量;加强作业设计指引,提高作业设计的科学性和精准度,统筹控制作业总量和时长,探索弹性作业和跨学科作业,提高作业设计质量。建立多维度、菜单式学生自选课程和多样化社团活动,满足学生个性化成长需要。

4. 打造智慧教育,实施精准教学

以信息化为主导,建设智慧教育云平台和数据中心,深入探索基于教学改革、融合信息技术的新型教与学模式;利用互联网、物联网和人工智能等技术,开发遴选各类教学资源,形成多层次的云端课程体系,精准采集学生的考勤数据、课堂表现数据、随堂测试与作业数据、课业考试数据、体质健康数据、综合素质数据、参与活动数据(即品质力、健康力、学习力、阅读力和创新力),从而实现精准教学。

(二)"恒智课堂"的评价标准

依据"恒智课堂"的内涵制定"恒智课堂"评价标准。(详见表 2 - 4)

表 2 - 4   上海市昆明学校"恒智课堂"评价表

评价项目	评价内容及要点	评价等级			
		4	3	2	1
教学目标	1. 教学目标要体现立德树人的育人目标。				
	2. 教学目标的制定符合课程标准要求,符合教材的阶段要求和儿童实际水平。				
教学内容	1. 准确把握教学内容的重点、难点。				
	2. 从儿童已有知识和经验出发,确保科学性,具有系统性、现实性和趣味性。				
	3. 适当补充与时俱进的相关教学资源以支撑儿童的学习。				
教学过程	1. 教学思路清晰,主题设计明确,活动结构合理。				
	2. 创设情境合理,体现教学本质,能激发儿童的学习积极性。				
	3. 组织有效的学习活动,让儿童在活动中获得充分的体验。				
	4. 遵循儿童的认知规律和情感需求特点,关注儿童的学习差异。				
教学方法	1. 教学方法具有启发性,充分挖掘儿童的潜能。				
	2. 灵活选择不同的教学方式,注重培养儿童的合作探究意识。				
	3. 教学手段运用恰当,注意运用教具、信息技术辅助教学。				
教师表现	1. 尊重、信任儿童,尊重个性差异,关注全体儿童的发展。注重激发儿童的兴趣与好奇心。				
	2. 教学语言准确简练,板书设计合理、书写工整,演示及示范准确到位。				
	3. 善于设问,善于启发儿童提问,及时捕捉教学信息,灵活应变。				
	4. 关注课堂生成,评价恰当,具有激励性、过程性、导向性。				

评价项目	评价内容及要点	评价等级			
		4	3	2	1
儿童表现	1. 知识基础扎实,能够参与课堂活动。				
	2. 思维敏捷,善于倾听、质疑。				
	3. 善于提出问题、解决问题,具有创新意识。				
	4. 学习兴趣浓厚,有积极的学习成就体验和情感体验。				
教学效果	1. 达到预定教学目标。				
	2. 儿童思维活跃,师生信息交流畅通。				
	3. 不同思维水平的儿童都有展示和反馈的机会。				
	4. 儿童保持对本学科持续的学习热情。				
教学理念	教学理念正确而不陈旧,在保障整体质量的前提下,呈现具有独创性的方法、理念,对于改进教学实践具有资源价值,且效果突出。				
总体评价	合计:				

二、建设"恒明学科",丰富学校课程体系

我校以建设"恒明学科"为抓手,推进学科特色课程建设。加强学科思政渗透,强化全体教师育人意识,把理想信念、社会主义核心价值观、中华优秀传统文化、党史学习教育、国防教育和生态文明教育融入教育教学全过程,推动课程专业教学与思政课教学紧密结合、同向同行。充分利用区内特色文化资源,丰富每一个学科的课程体系,让每一个学科课程都变得更加特色鲜明。

(一)"恒明学科"的课程之维

学校围绕学科素养目标,将基础课程与拓展课程组合,建设"恒明学科"。学校从两个方面入手:一方面通过挖掘学科内部或学科之间的逻辑来建构专业的学科课程,另一方面充分利用学校特色来渗透多门学科,统整建构学科课程群。各学科教师基于学校课程特色追求,又根据对学科的独特理解,结合学科独特优势、独特资源,研发丰富的学科延伸课程,形成独具特色的学科课程群。

1. "诗意语文"课程群

以《义务教育语文课程标准(2022年版)》为依据,语文课程是一门学习国家通用语言文字运用的综合性、实践性课程。学校"诗意语文"课程群以国家语文课程为核心,引入经典诵读、整本书阅读、小古文课程等,构建多层面的课程群,将儿童引领到美好的语文天地,共同构成"诗意语文"课程群。

2. "智慧数学"课程群

以《义务教育数学课程标准(2022年版)》为依据,我校"智慧数学"课程群立足数学核心素养,教师引领儿童围绕具有挑战性的学习主题,全身心地积极参与、体验成功,从而获得发展。我校引导儿童在生活中寻找数学、认识数学,挖掘生活和教材中的数学问题进行探究,密切儿童与生活、儿童与社会的联系,提升儿童的数学素养。"智慧数学"课程群内容的选择以注重基础性、贴近生活性以及适应儿童和学校的特点为原则,准确把握教材和课程标准要求,并据此进行拓展延伸,内容面向全体儿童,适应儿童的个性发展需求,让每个儿童在数学活动中得到不同的发展。"智慧数学"课程群采用灵活多样的教学形式,在数学课程基础上拓展延伸儿童的数学知识,开阔儿童的数学视野,提高儿童的学习积极性。实施过程中,儿童亲身实践,通过观察、实验、猜想、计算、推理、验证等活动过程多感官并用,使得思维始终处于活跃状态。这样的数学活动有利于学生进行数学思考并产生创造性思维。"智慧数学"课程群结合数学教材的编排特点、儿童的年龄特征及学校的具体情况,在实践、思考、表达、数感、计算、推理六个方面进行了课程内容的设置。课程实施过程中,儿童亲身实践,动手操作,手脑并用,感受知识性和趣味性,学习变得生动活泼且富有个性。

3. "博雅英语"课程群

以《义务教育英语课程标准(2022年版)》为依据,"博雅英语"课程群面向全体儿童,注重素质教育,其核心是让每个儿童都得到发展。"博雅英语"课程群主要从"博雅听音""博雅说语""博雅读文""博雅写意"和"博雅践行"五个方面进行。以一年级为例,根据一年级儿童的身心特点,"博雅英语"课程群一年级以听音模仿为主,一年级的内容主题设计为"倾耳听",让儿童通过听音模仿单词、简单的句子、童谣歌曲等进行学习,与此同时采用各种儿童喜欢的形式进行听的训练和检测,调动儿童的学习积极性,激发其学习兴趣,增强其学习信心。

4. "魅力科学"课程群

以《义务教育科学课程标准(2022年版)》为依据,"魅力科学"课程群帮助儿童树立科学的教育质量观,培养儿童的科学素养、创新精神和实践能力,以探究式学习为学习科学的重要方式,以培养儿童的科学素养、提高儿童的探究能力为目标。

5. "开心体育"课程群

以《义务教育体育与健康课程标准(2022年版)》为依据,"开心体育"课程群课程设置以锻炼儿童身体、开发儿童智力为目的,关注儿童的学习过程和学习体验。我校遵照"健康第一"的指导思想,重点突出儿童的学习主体地位,强化实践特征,构建较为完整的课程目标体系和发展性的评价方式,增强儿童的体能,培养儿童坚强的意志品质、合作精神和交往能力,为儿童终身参加体育锻炼奠定基础。"开心体育"课程群做到以人为本、健康为本,面向全体儿童,实现"每天锻炼一小时",

使体育课程在学校诸多课程中成为教学形式最生动活泼,教学内容最丰富多彩,最受儿童喜爱的一门课程,让每一个儿童都积极地参与到体育活动中来。严格执行学生体质健康合格标准,学生体质健康测试合格率达98％以上,优良率达70％以上。努力创建体育特色学校,高质量开好"每天一节体育课",至少创建1项体育特色项目,全面开展校园足球改革实验;定期举办校际体育比赛和校内班级联赛,培养学生熟练掌握2项以上运动技能;每年举办足球、羽毛球、围棋等各项体育联赛。

6."唯美音乐"课程群

以《义务教育艺术课程标准(2022年版)》为依据,发挥本校艺术教育资源优势,依托本地民间优秀传统文化和其他艺术资源,形成学校艺术教育发展特色,构建"唯美音乐"课程群。充分利用社会艺术教育资源,利用当地文化艺术场地资源开展艺术教学、实践活动和校园文化建设,面向全体儿童组织开展艺术活动,因地制宜地建立儿童艺术社团和兴趣小组,保证儿童每周有固定的艺术活动时间;每年组织合唱节、美术展览和艺术节等活动。充分利用学校校歌、广播、电视、网络及校园、教室、走廊、宣传栏、活动场所等,营造格调高雅、富有美感、充满朝气的校园文化艺术氛围。结合学校儿童情况和教师自身特长,"唯美音乐"课程群在完成规定课程的基础上,开设"小乐器进课堂"特色课程,包括陶笛、竖笛、葫芦丝、口风琴等课程。此外,学校还根据儿童的自主选择在课后开设民族舞、合唱社团等课程。

7."创意美术"课程群

以《义务教育艺术课程标准(2022年版)》为依据,为了让儿童经历相对系统的美术学习,学校构建了"创意美术"课程群,将美术课程进行了整合。"创意美术"课程群是具有艺术特色的美术课程,注重儿童在美术学习的过程中,逐步体会美术专业学习的特征,形成系统的美术知识体系和基本的文化艺术素养,力求体现素质教育的要求。"创意美术"课程群以学习活动方式划分美术学习领域,加强学习活动的综合性、探索性和实效性,培养儿童对艺术、生活与审美的追求,让儿童在积极的情感体验中提高想象力和创造力,提高审美意识和审美能力。根据儿童学情和教师专业特长,通过对国家规定课程的整合、筛选、补充和延展,分别开设富有中国传统特色的社团(国画、线描、书法),以及西方特色的绘画社团(水彩、彩铅画、儿童装饰画)等美术社团。根据儿童的年龄特点,不同年级设定不同的教学主题和内容,把课程内容和学校的艺术活动、校园文化有机结合起来,给儿童提供丰富多彩的艺术展示平台。

除了上述学科之外,根据《义务教育课程方案(2022 年版)》和各学科课程标准,学校采取类似方法推进特色学科建设。

(二)"恒明学科"的评价要求

我们根据"恒明学科"的意涵,从学科建设方案、学科课程开发、学科教学改革等几个方面,要求"恒明学科"建设方案富有规划的科学性和时代性,要求学科建设改革有鲜明的时代特征和学生发展本位理念,要把学科建设的质量和形式作为重要的考核指标,关注个体差异,注重儿童的学科素养的全面提升。我校"恒明学科"的具体评价表见表 2 - 5。

表 2 - 5 上海市昆明学校"恒明学科"建设评价表

评 价 指 标	评 价 内 容	评价分值
学科建设方案(20%)	1. 方案设计主题鲜明,寓意深刻,立意新颖。 2. 有针对性、教育性、科学性、时效性和时代性。	
学科课程开发(20%)	1. 课程开发的目标明确,定位准确,紧扣主题。 2. 师生互动,充分体现学生主体、教师主导的理念。	

评价指标	评价内容	评价分值
学科教学改革(20%)	1. 改革有鲜明的导向性和时代特点。 2. 注重学生的实践和感悟。 3. 促进学生的身心健康发展。	
学科学习质量(20%)	1. 情境设计合理,可操作性强。 2. 注重培养学生的实践能力。 3. 层次清晰,重难点突出。 4. 贴近学生的生活实际。	
学科团队建设(20%)	1. 有支撑学科发展的学科带头人和学术骨干。 2. 培育一批学科创新团队,产出高水平的学科课程成果。 3. 有支撑学科可持续发展的、具有一定优势或特色的、数量充足的学科团队。	

三、创设"恒趣社团",发展儿童兴趣爱好

为了发展学生的兴趣爱好,我校结合学校课程特色,以学生的兴趣、爱好、特长或自身需要为基础,创设"恒趣社团",并进一步确立社团活动目标、开发社团课程、加强社团过程管理、构建社团评价体系。

(一)"恒趣社团"的主要类型

1. 恒美管乐团

社团宗旨是丰富校园文化生活、提高青少年的音乐素养和团队意识。学校管乐团经过多次改革不断趋于成熟,开发了管乐类社团(小号、长号、大号、次中音、圆号、萨克斯、黑管、长笛、大管、双簧管、打击乐)。我校从三年级开始选拔组建管

乐班,按班级编制,组成梯队建设。管乐课进入课表,管乐班在固定的时间、地点,由专业老师上课。不同年级各管乐班每周上一次管乐大课,两节课连上。低段学习内容主要以基本功练习为主,以练习一些比较短小的曲子为辅,要求达到熟练吹奏,音准节奏正确,各声部之间衔接自然流畅的水准即可。中段学习内容主要以组合曲子、行进曲为主,以基本功练习为辅,演奏曲子要有力度、情绪对比变化,准确表现曲子的速度、力度、情感等。高段学习根据学生的兴趣爱好安排相应的社团活动。管乐团有严格的考核制度。期末由各班正副班主任、管乐老师、家长代表作为评委,对儿童进行考核。考核分为铜管、木管、打击乐三个大声部进行测试,根据专业的管乐老师提供的评分表进行打分,而后根据比例,评出声部最优秀的儿童进行表彰。

2. 布谷鸟乐团

社团宗旨是丰富校园音乐文化,发展儿童音乐特长,培育音乐新苗。社团总目标是通过合唱、舞蹈和戏剧,丰富儿童的情感体验,增强儿童的声乐和舞蹈的基本功训练,助力儿童提升一定的专业技能,激发兴趣,奠定基础。通过实践训练,儿童培养学习街舞和歌舞剧的兴趣,享受音乐的快乐,培养表现欲望、基本的舞台感觉、优美体态和对艺术的审美能力。通过不同形式的发声练习来规范儿童的声音,开展以合唱为主的多种学习活动,提高儿童的声乐演唱技巧及舞台表演等专业技能,弘扬合唱艺术,构建人文校园。社团内容是通过《蝴蝶的梦》歌唱童心的纯真与美好,通过《布谷鸟》赞美春天和希望,让儿童亲自体验这些精品的光彩和艺术价值,提高他们的审美能力。在合唱社团中培养儿童的独立识谱能力,发展他们的音乐听觉和音乐记忆力,使他们提高音乐修养和鉴赏水平,理解和掌握各种音乐表现手段,增强集体观念和群体意识,让身心得到健康发展。活动形式是每周集训三次,教师自主研发教材,制定社团管理制度,撰写社团活动记录,完成评价。

3. 小天鹅舞蹈社

通过训练,儿童培养学习舞蹈的兴趣,享受音乐的快乐,提高舞蹈素养。通过规范的基本功及民族舞蹈、芭蕾舞蹈训练,儿童的形体、姿态、腿线条和腰腿的软度、力度、控制进一步提高。社团内容为舞蹈《我的祖国》,演绎了为解放军送水的感人革命故事。通过规范而且简单的基本功及民族舞蹈训练,儿童能够很好地完成社团目标。活动形式是每周集训三次,教师自主研发教材,制定社团管理方式,填写社团活动记录,完成评价。

4. 小百灵歌剧社

由儿童参加演出,反映儿童生活,综合音乐、诗歌、舞蹈等艺术,通过以边歌边舞为主的音乐戏剧形式展现。社团内容是歌舞剧《绿野仙踪》的表演,其剧情生动,富有儿童情趣,音乐能表达角色的个性特点,能培养孩子的优美体态和对艺术的审美能力。活动形式是每周集训一次,教师自主研发教材,制定社团管理方式,填写社团活动记录,完成评价。

5. 小精灵街舞社

通过训练,儿童能够尽情张扬个性,增强爆发力,培养一定的律动和舞感。多用放克(Funk)音乐和嘻哈(Hip Hop)音乐来跳舞,激发儿童对舞蹈学习的兴趣,提高儿童的舞蹈素养。社团内容是通过地板舞(Breaking)、自由式街舞(Freestyle)、震感舞(Popping)、锁舞(Locking)的练习,完成完整舞蹈的表演。通过舞蹈《Popping》《Get it up》《I can make you dance》的训练,儿童培养分工合作的社团精神,学会在集体中协调配合、相互适应,发展个性,为专业的舞蹈发展奠定基础。活动形式是每周集训一次,教师自主研发教材,制定社团管理方式,填写社团活动记录,完成评价。

6. 涂鸦绘画社

采用启发、鼓励的趣味教学法,转换课堂角色,以儿童为主、老师为辅,培养儿童的观察力、想象力、思维力和创造力,注重儿童的自我表达,提高儿童的动脑动手能力。社团安排有造型课和创意卡通课。

7. 启功书法社

书法社团是由我校书法爱好者共同组成的儿童社团组织。社团致力于提高儿童的书写能力、欣赏能力和艺术修养,力争在艺术和实用之间找到完美的结合点。通过基本笔画和偏旁部首的学习、书法作品欣赏等方式,通过教师讲解、示范指导等教学方法,教给儿童正确的执笔运笔姿势,执笔轻重的调控,书写坐姿、站姿等要领,让孩子们受到美的熏陶。

8. 跃动篮球社

通过定期组织训练,使儿童保持对篮球的最大积极性,提高对篮球的兴趣。儿童在奔跑、跳跃过程中,发展力量、速度和耐力等素质,磨炼意志,培养团队精神和集体主义品质,锻炼了身体素质,提升了实践操作的能力,掌握正确的技术动作表象,不断增强篮球技战术水平,活跃校园篮球文化氛围。社团内容包括三个层级。水平一:一、二年级的理论基础姿势、运球、行进间运球、传接球配合、投篮练习、运球上篮、投篮小比赛。水平二:三、四年级的复习运球、单手运球上篮、双人传接球、攻防守脚步练习、传切配合、单人对抗练习。水平三:五、六年级和初中段的复习运球上篮、单人突破、攻防守练习、多人攻防守、半场小比赛。活动形式是每周一、周二、周三进行社团训练课,针对不同年级的分段,分别提出不同的要求和方法进行练习,不断激发儿童的学习兴趣。

9. 恒力文学社

通过定期开展文学作品阅读交流、征文比赛、朗诵比赛、参观采访、社团研学实践等活动,拓宽儿童的视野,丰富儿童的课余生活,使儿童在文学社实践活动中提高语文素养,培养写作兴趣,提高交流能力、表达能力和文学鉴赏能力,促进全面发展,体验合作与成功的喜悦。文学社以"品读经典"为主题,社团内容包含两大内容。(1)经典儿童文学赏读,主要赏读曹文轩、沈石溪、冰心等知名作家的作品。(① 赏读,提高文学素养;② 解析人物形象,为人物写作提供方法;③ 分析作品精神内核,提高文学鉴赏水平;④ 深入了解作者背景,对作品形成立体的认知)(2)名著品读,品读四大名著、外国名著、科幻作品。四大名著:《西游记》《三国演义》《水浒传》《红楼梦》。外国名著:高尔基三部曲、《简爱》《基督山伯爵》。(品读名著,赏析名著中的经典人物形象,结合影视作品赏析经典篇章,结合时代背景体会名著主旨)每学期有计划地开展讲故事比赛、朗读比赛、征文比赛等活动。活动形式是每周进行两次社团课,针对不同年级的儿童,分别进行不同的课程安排,不断激发儿童的学习兴趣,提高儿童的文学素养,为学校创建书香校园活动增添活力。

(二)"恒趣社团"的评价要求

为了促进社团活动规范运行,我校从社团实施前的方案、实施中的活动要求和实施后的效果与宣传等方面开展评价。(详见表 2－6)

表 2－6　上海市昆明学校"恒趣社团"评价表

项　目	各　项　指　标	评价方式
实施前	1. 社团机构设置合理,制定符合儿童实际的社团实施方案。	实地调查 资料核实 师生座谈 活动展示
	2. 建立、健全并严格执行社团各项规章制度。	
	3. 社团人数适中,规模适度,成员资料档案齐全。	

项　目	各　项　指　标	评价方式
实施中	1. 指导老师认真负责、重视过程管理。	实地调查 资料核实 师生座谈 活动展示
	2. 突出儿童的主体性和创造性,让儿童在社团活动中自治自理、健康发展。	
	3. 社团活动空间固定,环境良好,有相应的文化建设。	
	4. 定期开展社团活动,组织有序、记录完整。	
	5. 社团活动内容丰富、形式多样,体现实践性和综合性。	
实施后	1. 社团成员或集体活动成果显著。	
	2. 活动取得良好的教育效果,在儿童中有一定的影响。	
	3. 进行经验的梳理和活动宣传,扩大影响力。	

四、激活"恒态节日",浓郁学校课程氛围

我校为了激发儿童的参与兴趣,丰富儿童的经历和情感,提升儿童的文化艺术修养,努力开发契合儿童个性发展的语言与表达类、科学与思维类、运动与健康类、艺术与审美类、劳动与创造类节日课程。

(一)"恒态节日"的课程设计

"恒态节日"课程包含传统节日、现代节日和校园节日三类课程,将传统节日、现代节日课程整合于学校课程架构之中。在校园节日课程中,我校设计了"源智读书节""智慧数学节""创意科技节""唯美艺术节""跃动体育节"和"丰收劳

动节"。

1. 源智读书节

为了增强我校儿童好读书、读好书的积极性,激发儿童读书的兴趣,让每一位儿童都亲近书本、喜爱读书、学会读书,也为了展示儿童的阅读成果,从而促进儿童个性的和谐发展,学校分年级举办一至九年级"源智读书节"课程。课程设计如下。

第一阶段进行活动准备。(1)召开全体语文教师会,通知活动内容,鼓励全体语文老师和儿童积极参与活动。(2)通知家长与儿童,提交分享的书名,积极准备分享材料,可以通过分享精彩故事、阅读方法、阅读感悟等形式,将自己喜欢的书目推荐给其他同学,分享时间控制在3分钟左右。老师提前准备儿童分享的书目的问题设计。(3)各年级利用两周时间举行班级"源智读书节"海选活动。通过海选评选出部分优秀的儿童参加学校的读书分享活动。(4)各年级教研组长做好评委、记分员、道具等年级人员分工工作。提前购买活动需要的奖品和互动小礼品。第二阶段进行活动展示。(1)年级活动展示,参与"源智读书节"活动的选手按次序一一进行推荐分享。(2)由老师和家长代表组成评委,根据儿童的表现进行打分,最终评选出一等奖、二等奖和优秀奖,为他们颁发奖状和奖品。第三阶段进行活动整理。各年级整理活动视频、照片等相关资料,做好活动总结。

"源智读书节"根据课程设计,从演讲内容、语言表达、表情仪态和整体效果四方面分别进行评价。

2. 智慧数学节

为了弘扬数学文化,激发儿童爱数学、学数学的兴趣,让儿童感受到生活中处处有数学,学会用数学的眼光去关心社会、去获取和发现新的知识,培养儿童的观察能力、空间想象能力、动手操作能力及无限的创造能力,我校开创了"智慧数学节"。每年于5月中旬和9月下旬各举办一次为期一天的数学活动。通过此次活动,希望儿童与数学为伍,以兴趣为伴,启迪智慧人生。活动内容包括两个方面的系列活动。

活动类型一:各年级自主制定的活动。第一阶段为活动准备阶段,由各年级根据自己年级的特点自行选择活动主题,并制定具体的活动方案。结合活动与活动主题方案进行教师分工,明确活动任务到人,修改并形成规范的活动策划。第二阶段为活动开展阶段,以班级为单位、年级为主体,严格按照制定好的活动方案开展活动。第三阶段为活动总结交流阶段,各年级结合活动效果,明确评价标准,设置评价奖项并报给学科负责人,由学校统一颁发奖状。教师结合活动开展情况,以同一活动主题为单位进行经验交流分享,为进一步提升活动品质指明方向。

活动类型二:中低年级开展"我心中的数学"主题活动,高年级开展"小小数学家"主题活动。第一阶段:召开年级教研组长会,明确活动主题,制定活动方案。第二阶段:中低年级分别收集不同类型的作品,先在班级内进行展评,每个班级评选出10份不同的作品,再根据不同的作品类型进行分类,以微信公众号投票和校园展板的形式进行展出。最终,根据得票情况评选出一等奖、二等奖和优秀奖。高年级第一阶段先在班级内开展比赛,同一年级使用相同主题、相同问题;每个班级评选出5名代表,参加学校内决赛。

3. 创意科技节

为了提高儿童的科学素养,激发儿童对科学知识的兴趣,培养儿童的创造性思维,也为了丰富儿童的课余生活,让儿童在活动中增长知识、提高素质,学校将分年级举办一至六年级"创意科技节"课程,为儿童提供一个相互交流和同台竞技的机会。课程设计如下。

第一阶段进行活动准备。(1)召开全体科学教师会,通知活动内容,鼓励全体儿童积极参与活动。(2)通知家长与儿童,提交分享的书籍或期刊,积极准备分享材料,将自己喜欢的书籍或期刊分享给其他儿童,分享时间控制在6分钟左右,老师提前阅读儿童推荐的书籍并提出重点问题。第二阶段进行初选。(1)各年级提前举行班级"创意科技节"并选出优秀儿童参加学校的展示活动。(2)各年级科学老师结合本年级科任老师做好评委、记分员、道具员等年级人员分工工作,提前购买活动需要的奖品和互动小礼品。第三阶段进行比赛。各年级按照活动安排的时间进行活动展示。评委组按照演讲内容、答疑情况、表情仪态和整体效果四方面分别进行评价,依据总体得分的高低,每个年级评定出特等奖、一等奖、二等奖和三等奖,并对获奖儿童颁发证书及给予奖励。第四阶段为活动整理阶段。各年级整理活动视频、照片等相关资料,做好活动总结。

4. 唯美艺术节

音乐和美术是心灵的艺术,也是人类情感与精神的结晶,能让儿童从中获得视觉的愉悦和美的陶冶。学校坚持根植中华优秀传统文化的深厚土壤,坚持以美育人、以美化人,引导儿童树立正确的审美观念,陶冶高尚的审美情操,丰富艺术文化生活,培养艺术素养,最终展示学校艺术教育成果,形成全校性的艺术氛围,提高校园艺术教育品质。由学校教导处牵头,音乐和美术教研组具体实施,课程设计如下。

活动一:"童心绘画节"。定期举办艺术展览活动,利用校园宣传栏定期展示优秀的儿童作品,丰富儿童的文化生活,促进校园文化交流,为儿童施展自我才能提供艺术平台。

活动二:"童艺音乐节"。第一阶段进行活动准备。音乐老师和儿童双向选择,开始筹备节目和排练节目。第二阶段进行活动展示。以舞蹈、合唱、歌舞剧等形式呈现,让儿童在实践中体验和感悟,提升艺术素质。第三阶段进行活动整理。各年级整理活动视频、照片等相关资料,做好活动总结。

5. 跃动体育节

为增强体质,展现全体师生精神面貌,发现和培养体育后备人才,结合《学生体质健康标准》的测试及数据上报工作,学校每年组织举办一次"跃动体育节",以班级为单位进行报名,参赛项目丰富多彩,在测试每个儿童体质健康成绩的同时,让每一个有专长的儿童展示自己的风采,让每个人都能感受到运动的快乐。活动设计如下。

第一阶段进行活动准备。(1)确定活动时间,体育组编排活动方案,召开全体教师会议,通知活动内容,安排人员分工。(2)进入前期项目报名阶段,比赛项目包括50米跑、仰卧起坐、坐位体前屈等内容,鼓励班级儿童积极参与活动,展现自我风采。(3)统计报名情况,进行方案细化,编排秩序册。(4)为活动进行安全、后勤等保障,以保证活动顺利进行。第二阶段进行活动展示。(1)进行开幕式活动,以班级为集体进行展示表演,展现班级风采,发扬集体主义精神。(2)根据比赛成绩进行评奖,个人比赛取前6名,团体成绩进行积分制,根据个人成绩名次累积,最终评选出一等奖、二等奖和优秀奖,颁发奖状和奖品。第三阶段进行活动整理。整理活动视频、照片等相关资料,做好活动总结。

6. 丰收劳动节

每年9月、10月是丰收的时间。为了调动每一位儿童的积极性、主动性、创造性,让每一位儿童牢固树立劳动最光荣、劳动最崇高、劳动最伟大、劳动最美丽的观念,学校于每年9月底分年级举办"丰收劳动节",将"劳动最光荣"的思想转化到每一位儿童的实际行动中,培养儿童积极劳动的兴趣,养成爱劳动的好习惯。课程设计如下。

第一阶段为活动准备阶段。（1）召开全体班主任会议,确定各年级活动主题,鼓励全体老师和儿童积极参与活动。（2）各年级制定活动方案。（3）通知家长与儿童,积极准备"丰收劳动节"活动,同年级教师提前布置场地,组织各年级儿童有序参加,并组织儿童评选出相应奖项。（4）各年级班主任教师合理分工,做好评委、记分员、道具员等工作。（5）提前购买活动需要的奖品和互动小礼品。第二阶段为活动展示阶段。分年级参与"丰收劳动节"活动,根据不同的内容进行分享展示。由老师和儿童组成的评委组根据儿童的表现进行打分,最终根据不同的活动内容评选不同的活动奖项,并在活动结束后为他们颁发奖状和奖品。第三阶段为活动整理阶段。各年级整理活动视频、照片等相关资料,做好活动总结。

　　以前五个年级为例。一年级劳动节日课程内容如下。（1）"自理小达人"。每位儿童在家里练习戴红领巾、系鞋带、整理书包。比赛当天每位儿童戴上红领巾、穿有鞋带的鞋子、现场整理书包。要求在最短的时间内完成得又快又好,评选优胜奖和达标奖。（2）"我的植物朋友"。在每班走廊外面布置植物展览场地,每位"小主人"可以向参观的儿童及老师介绍自己的培育心得,评选最美班级和创意班级。二年级劳动节日课程内容如下。（1）把操场分为"变废为宝记"和"厨艺大比拼"两大区域,分别展示二年级儿童的作品。（2）给每位儿童发两张"你最棒"小贴画,让儿童把"你最棒"小贴画送给最心仪的作品,票选出"最佳创意奖"和"小厨神奖"。三年级劳动节日课程内如下。（1）"葵花日记"。每班选出优秀作品,颁发"最佳创意奖"。（2）手工作品展示会。展示儿童的创意串珠画、瓦楞纸版画。四年级劳动节日课程内容如下。（1）摄影展示区——展示儿童一学年的劳动时刻。（2）美食鉴赏区——分享劳动成果,体验成功喜悦。（3）艺术作品展销会——体验创造性劳动带来的荣誉感、幸福感、获得感。五年级劳动节日课程内容如下。

(1) 摄影作品展——通过一幅幅照片记录向日葵的生长过程及每一位儿童的劳动过程。(2) 品泡菜百味——品味泡菜,票选出"爽口美食奖"。

(二)"恒态节日"的课程评价

为了促进节日课程的规范实施,我校从节日课程实施前的方案、实施中的活动要求和实施后的效果与宣传等方面开展评价。(详见表2-7)。

表2-7 上海市昆明学校"恒态节日"评价表

项　目	指　　标	评价方式
实施前	1. 制定符合儿童实际的节日课程实施方案,节日课程管理体制完善。	
	2. 建立、健全并严格执行节日课程的各项规章制度。	
	3. 活动人数适中,规模适度。	
实施中	1. 指导老师认真负责、重视管理。	实地调查 资料核实 师生座谈 活动展示
	2. 节日课程突出儿童的主体性和创造性,让儿童在活动中个性彰显,健康发展。	
	3. 节日活动空间环境不固定,根据节日课程内容设计,将室内外活动空间相结合,有特殊情况时紧急疏散的安全预案。	
	4. 节日活动组织有序。	
	5. 节日活动内容丰富,形式多样,体现实践性和综合性,有利于培养和锻炼儿童多方面的素质,体现校园文化精神。	
实施后	1. 节日活动成果显著,儿童的核心素养得到提升。	
	2. 节日活动取得良好的教育效果,受到儿童的欢迎。	
	3. 进行节日课程经验的梳理和活动宣传,扩大影响力。	

五、落实"恒道探究",推进项目学习课程

"恒道探究"学习活动让儿童保持独立地持续探究的兴趣,获得参与研究、社会实践与服务学习的体验,提升发现问题、提出问题和分析与解决问题的能力,掌握项目学习技能,增强服务意识与奉献精神,具有关注社会的责任心和使命感。

(一)"恒道探究"的课程设计

"恒道探究"以课题小组合作研究为基本组织和实施形式。每组一般由同一班内的 6 至 10 人组成,原则上每班不超过 10 个课题,一名教师指导课题小组数不超过 3 个。项目学习课题组内要进行课题分工和角色分工,即每个成员都要承担一部分相对独立的课题工作,每个成员都要承担一个角色,确保真正参与课题研究。如组长、协调员、资源管理员、信息技术员等,既各展所长,又密切配合,以保证课题研究顺利开展。"恒道探究"学习活动时间基本安排在暑假期间,建议由家长协助,在老师的指导下进行集中活动。内容如下。

1. 学科应用类

主要是进行学科内的拓展与跨学科的综合应用方面的探索,如六年级学习百分数之后进行相关的应用研究,四年级学习《一个豆荚里的五粒豆》后开展劳动教育活动,在学校楼顶农场种植豌豆,研究文章中的豆荚与自己亲自种出来的豆荚是不是一样,等等。

2. 自然环境类

主要是从人与自然的关系角度提出课题,如环境保护、生态建设、能源利用、

农作物改良、动物保护和天文研究等方面与个人生活背景相关的课题。

3. 社会生活类

主要是从人与社会的关系角度提出课题,如学校规章制度研究、社会关系研究、社区管理、社团活动、人口研究、城市规划、交通建设等与个人生活背景相关的课题。

4. 历史文化类

主要是从历史与人的发展角度提出课题,如乡土文化与民俗文化研究、历史遗迹研究、城市变迁研究、名人思想与文化研究和校园文化研究等与个人生活背景相关的课题。

(二)"恒道探究"的评价要求

"恒道探究"项目学习活动的总评是对儿童参与研究性学习活动的情况与结果的评价活动,综合考虑研究性学习课程修习的情况进行测评、确定等第。研究性学习活动总评注重知识与技能、过程与方法、情感态度与价值观等方面的全面评价。在研究性学习的开题环节,评价发现问题、提出问题及设想的意识和能力。在研究性学习的中期环节,检查研究计划的实施情况。在研究性学习的结题环节,对儿童参与学习的态度、体验情况、研究方法、技能掌握、创新精神、实践能力发展和学习结果等方面进行评价。研究性学习评价整合学习的过程与结果,让儿童在理解知识的同时获得能力,有助于儿童个人成长与团队协作能力的发展,提升儿童的表现力。在评价过程中要求多主体参加,自评与他评相结合,多内容考察,知识与能力并重,实现全过程评价。具体内容见表2-8。

表 2 - 8   上海市昆明学校"恒道探究"课程评价表

评价维度	评 价 说 明	分值
科学性 (30分)	1. 包括选题的合理性和成果的科学性。选题切合儿童实际,符合儿童认知规律,体现"用知识解决问题、在解决问题的过程中学知识"的基本理念。 2. 主题研究,其分析问题遵循认识论规律,所得结论经得起推敲和验证,结果或结论科学严谨。 3. 项目设计,其技术方案合理,研究方法正确,科学理论可靠,成果具有科学技术意义。	
真实性 (20分)	1. 研究性学习的整个过程,必须由参评儿童亲自完成。 2. 对于主题研究的主要论点和论据必须由参评儿童通过观察、考察、实验等实践手段亲自获得,严禁弄虚作假。 3. 对于研究设计,作品中的创造性贡献必须是由参评儿童构思完成的。	
合作性 (20分)	1. 必须体现团队良好的合作精神。研究性学习的整个过程,小组的每个成员都积极承担在完成共同任务中的个人责任,有积极的相互支持与配合的精神,有在完成个人任务的基础上进行小组加工的技能。 2. 体现教师在整个过程中的指导作用。组建团队确定成员角色、分工,严守标准并积极参与,关注研究性学习进展并及时解决过程中的问题。	
先进性 (15分)	1. 对课题研究而言,该项研究课题及论文的选题有创意,研究结论有科学价值,学术水平具有先进性。 2. 对项目设计而言,作品的发明或创新技术在申报日以前没有同样的成果公开发表过、使用过,并且同以前已有的技术相比,有显著的进步。	
实用性 (15分)	采用多种形式呈现各阶段成果。	
总分 (100分)	合 计	

六、设计"恒爱有约",落实周末亲子课程

"恒爱有约"是我校家校共育课程的组织形式之一。"恒爱有约"课程设计紧跟时代,目的是让儿童爱家国、知感恩。

(一)"恒爱有约"的课程设计

学校教师团队专门开发了"恒爱有约"课程,依据儿童的年龄段特点推出了"亲子课堂(小学段)""周末有约(中学段)""亲子互动(初中)"三个版本。把国内外有影响力的、在某个领域有极高造诣的、为推动社会发展进步做出突出贡献的人物、行业和团体等,作为素材推荐给儿童;开发时事话题类课程,给儿童打开一扇认识世界的大门。

1. 课程目标

通过儿童自主学习、自主探究、交流合作的学习方式,学校丰富儿童的学习场域、学习形式,拓展学习时长,将"恒爱有约"课程打造成为一个开放、自主、多元的学习平台,以此丰富儿童的生活、张扬儿童的个性,提升儿童的学习能力,帮助儿童树立正确的三观,最终实现立德树人的根本任务。

2. 活动形式

每周五下午,班主任老师在少先队活动课上介绍本周的"恒爱有约"课程,同时在学校公众号平台中发布"恒爱有约"的两个版本。把课程安排在周末,确保学生有足够的时间去研究、思考。不同学段的孩子查看本段的版本,利用周末时间自主完成或邀请家长共同完成;既可以在学校公众号中查看导语、视频,思考问题,也可以通过上网或到图书馆及实地考察的形式搜集资料进行学习。

3. 作业提交

学生呈现出的作业以思维导图、文字资料、PPT 和路演视频（讲解视频）为主。上交时间为周日晚上。上交方式以家长拍摄儿童作品为主，拍摄时要清晰、有亮度，方向正确，能修图，加边框最好。家长将作品提交至班级群或以钉钉作业打卡的形式提交，学校保存一部分优秀作品的纸质稿，为展示孩子们丰富的课程学习成果做准备。

（二）"恒爱有约"的课程评价

"恒爱有约"课程面向全体学生，其目的是通过人物类、团体类、科技类、自然类等主题内容的爱家国教育，让儿童从英雄人物身上学到一些治学、做人、做事的优秀品质，同时也能通过自主学习、探究，对某一问题或某一领域有进一步的探索。评价以班主任老师的正向积极引导为主，通过这样的评价方式，让不同的儿童有不同的兴趣点、不同的研究目标、不同的收获和不同的追求。"恒爱有约"的内容是多元的，要求教师在保护儿童的个性化思考的同时，实现评价多元化。这是评价的主要内容，学校以此评价班级活动的完成情况。"恒爱有约"以评价促课程发展，采用三级评价的方式推进课程的有效实施。

（1）班级评价。班主任老师利用班级群和钉钉群对班级学生的完成情况进行评价，组建学习小组进行深度引领，可以制作班级作品的视频合集。

（2）分级段评价。在班级评价的基础上，学校分"一、二、三年级段""四、五、六年级段""七、八、九年级"版本，对"亲子课堂（低年级）""周末有约（高年级）""亲子互动（初中）"三个版本的完成情况进行评价，利用学校公众号进行作业集中反馈，并展示分享优秀作业。

（3）校级评价。期末对积极参加且作品效果显著的教师和儿童进行表彰，最终择优整理,印制成册。

七、推行"恒温之旅",落实研学旅行课程

"恒温之旅"研学旅行课程,以培养儿童的综合实践能力和创新能力为核心,以儿童发展为本,全面提升儿童的综合素质。研学旅行对提高儿童的科学素养,促进儿童全面发展有极其重要的作用。学校要以研学旅行校本课程开设为契机,丰富校园文化活动,提高儿童的学习生活质量,使其适应社会可持续发展的需要,助推人与自然及社会的和谐发展。

(一)"恒温之旅"的课程设计与实施

结合我校周边资源推进"恒温之旅"研学课程。依据不同学段儿童的年龄特点以及各学科教学内容的需要,学校开展了"走进公园玩一玩""走进动物园看一看""走进单位见一见""走进博物馆想一想""走进党史馆学一学""走进纪念馆念一念"等不同主题的旅行研学课程。我校"恒温之旅"课程设置示例见表2-9。

表2-9 上海市昆明学校"恒温之旅"之"走进博物馆想一想"课程

年级	场馆	活 动 目 标	活动建议	负责人
六年级	上海自然博物馆	该馆整个陈列按低等到高等的顺序排列,反映生物演化的历程,有动物界各个门、各个纲、各个目的代表物种,既科学展示了各种动物的基本特征,又形象反映了它们的栖息及其与人类的密切关系。通过参观互动活动,学生培养喜爱大自然的美好情感,养成保护自然的意识。	与科学、生命科学结合	科学、生命科学教师

年级	场馆	活　动　目　标	活动建议	负责人
六年级	上海消防博物馆	通过参观各个展区,对上海消防事业从孕育、发展到辉煌跨越,有一个全面的了解。学生参与多功能的消防科技教育体验馆活动,在虚拟火灾逃生过程中,掌握逃生技能与要点,学会自救。学生关注当代消防事业的辉煌业绩,学习党员榜样,培养为社会、他人服务的意识。	与安全教育结合	班主任
七年级	上海禁毒博物馆	该馆以青少年为主要教育对象,以提高青少年对毒品及其严重危害的认识、增强防范毒品的意识和能力为主要内容,设置了 5 个单元、7 个展区。该馆结合青少年的认知特点,用客观、平实的语言文字,传递信息、启发思考;用数字媒体、互动参与等手段,充分调动青少年的视觉、听觉和触觉来接受信息;用仿真场景、故事演绎、形象对比的方法,说事明理、强化主题。	与思品学科结合	思品学科教师
	上海博物馆	通过参观、体验、互动等环节,学生主动学习、独立思考、健康成长,培养动手动脑的能力和创新精神,了解中国的国家瑰宝,产生对祖国博大精深的文化的热爱。	与科技学科结合	科技教师
八年级	上海公安博物馆	该馆设序馆、公安史馆、刑事侦查馆、治安馆、交通馆、监狱馆等,让学生了解上海建立警察机构 100 多年来的历史沿革以及公安干警在打击犯罪、保障各项建设、维护社会稳定等各方面的业绩,培养学生的爱国主义情感。	与历史、社会学科结合	历史、社会学科教师
	同济大学深海探索馆	学生通过参观"海洋纵览""深海探索""深海遨游""海底观测"四部分内容,感受声、光、电等现代展示技术立体化呈现的深海世界,积极参与新颖的互动体验,深入普及海洋知识。	与科技学科结合	科技教师

年级	场馆	活　动　目　标	活动建议	负责人
九年级	上海院士风采馆	该馆坐落在杨浦区黄兴公园内,是全国首家以集中展示两院院士风采为主题的专门展馆,是院士进行学术交流、探索创新思维的场所,也是院士与市民接触、交流的平台。学生通过参观,学习中国共产党奋斗史,关注国家对人才的培养策略,开拓科技创新的视野,从小立志,埋下科技强国的种子。	与科学、物理、化学等学科结合	科学、物理、化学等学科教师

研学旅行的根本目的是让儿童接触社会和自然,在体验中学习和锻炼,培养儿童刻苦钻研、自理自立、互勉互助、艰苦朴素、吃苦耐劳等优秀品质和精神。研学旅行校本课程有利于儿童体验研学探究的过程,学会科学探究的基本方法,加深对自然、社会、文化、历史的认识;有利于儿童形成科学的自然观和严谨求实的学习态度,更深刻地认识学科知识和社会知识的相互关系;有助于培养儿童的合作能力、信任态度、良好的人际关系,促进师生共同成长。学校组织研学旅行前,召开家长委员会议,充分研究活动方案。

(二)"恒温之旅"的课程评价

研学旅行成绩的评定,涉及评定方式、计分方式、成绩来源等内容。儿童评价主要是发展性评价:一看儿童在研学过程中的表现,如情感态度与价值观、积极性、参与状况等,可分等级记录在案;二看儿童学习的成果,成果可通过实践操作、作品鉴定、竞赛评比、演出展示等方式呈现,优秀者记入儿童成长记录袋中。具体评价内容见表2-10。

表 2 - 10　上海市昆明学校"恒温之旅"课程评价表

评价项目	评　价　标　准	分值	得分
主题鲜明	主题简洁凝练、表述具体、特色鲜明,有针对性和目的性,呈现研学资源的主要特点,突出体现中小学研学实践活动课程的核心价值。	15分	
对象精准	课程实施对象明确,课程实施人数范围指向特定学段,如低年级、中年级、高年级,符合研学对象的心理特征和认知水平。	15分	
目标明确	课程目标应契合主题、具体明确、切合实际,列出通过研学实践和课程实施所要达到的育人效果,明确四个核心目标:知识目标,能力目标,情感态度与价值观目标,核心素养目标。	20分	
内容详实	设计出育人价值明确、内容丰富、清晰充实的课程,课程内容可用流程图或思维导图呈现。同时,明确课程组织实施的路径、方法等。	20分	
安全保障	安全方案与应急预案制定合理;处理突发事件及时,师生安全有保障。	15分	
活动总结	通过公众号信息发布、书写感受、班会交流等形式对研学效果进行总结。	15分	
合计得分			

八、激活"恒美校园",打造环境隐性课程

环境是最好的教育者,营造有益于儿童身心健康发展的教育氛围,能够培养儿童的审美能力、想象力和创造精神。为了进一步丰厚学校文化底蕴,落实"环境育人""活动育人"理念,促进学校特色办学,提升学校的办学水平,我校加大力度

推进"恒美校园"工程。

(一)"恒美校园"的建设要求

我校努力建设处处能学、时时可学、人人皆学的学习环境,实现有效支持个性化、适应性学习的智能化学习支持环境。在环境文化方面,力求让学校更优美、更和谐、更具有人性化,让校内的每一面墙、每一块绿地都成为儿童自我教育、展示风采的最佳场所,以实现良好环境与人的互利共生,让校园成为儿童身心舒展的地方。"恒美校园"建设主要包含以下几方面。

(1)大厅文化。凸显"恒美校园"之主题,将学校教育信条、办学理念等文化元素融于其中,展示优秀教师、学生的精神面貌,以及涉及多角度的优秀作品,同时根据不同节日、主题活动等及时更换内容,实现泛在学习的目的。

(2)文化长廊。学校打造以"能量驿站""趣味时光""未来剧场""金点子供应站""恒心鼓舞台"等为主要内容的文化长廊,融合心理、艺体、生活、学业等多个方面,搭建学生创新、合作、展示的舞台,打造更丰富的文化空间。

(3)楼层文化。每层一个小主题,例如一楼为"与经典为伴",二楼为"与智者为伍",三楼为"与大师为友",四楼为"与先辈对话",五楼为"与校史同行"。

(4)教室文化。让幽雅、健康的教室文化在潜移默化中影响学生的个性发展,教室文化建设需要做到以下几点。① 主题鲜明。设有班名、班徽,主题内容思想健康,体现以儿童为主体的设计理念。② 整体配置。整洁美观、和谐统一,符合学生的年龄特征,彰显班级建设理念,切合学校工作要求。设有"图书角""荣誉角""卫生角""展示栏"等,黑板报定期更新。③ 颜色搭配。色彩运用协调,注重儿童性和趣味性。④ 教室洁净。无卫生死角,桌椅、讲台、门窗、地面等干净无灰尘,窗户玻璃透明干净,墙壁洁白、无人为的污点,靠近本班教室的走廊及包干区无垃圾。⑤ 物品整齐有序。桌椅横、竖成直线,儿童书包、文具摆放位置统一,卫生工具不脏、不乱,作业本、教具、图书、报刊等都摆放整齐,有固定位置,遇到雨天时雨具摆放整齐。⑥ 教室布置美观、有本班特色。能集中体现出本班的班级风貌、特色和追求的目标等。

(二)"恒美校园"的评价要求

我们根据"恒美校园"环境课程的意涵,结合"最美班级"的评比活动,设计课程评价表。(详见表 2 - 11)

表 2 - 11　上海市昆明学校"最美教室"评比表

评价内容	评 价 标 准	分值	得分
环境布置	1. 主题鲜明,突出学校文化内涵,陶冶师生情操。	15	
	2. 板报栏目内容更新及时,内容丰富,有时代感。	15	
	3. 地面干净整洁,无卫生死角。	10	
	4. 文字内容无错别字。	10	
活动开展	1. 活动主题突出,活动形式新颖,活动效果好。	15	
	2. 教师组织有序,儿童积极性高。	15	
	3. 与学科教学、班队会活动有机整合,每月至少开展一次主题活动。	10	
	4. 每学期的展示时,儿童解说流利,体现廊道特色。	10	
合计得分			

第五节　让教育回归人性的高度

为深化课程改革,深化教育体制机制改革,规范实施国家、地方、学校课程计划,有效管理和评价课程,体现对不同阶段的学生在知识、能力、素养等方面的基本要求,积极促进符合素质教育的教师教学行为与学生学习方式的形成,全面推进素质教育,大力提高我校教育教学质量,优化我校设计和课程管理体系。

一、价值引领与课程逻辑

我校全面贯彻党的教育方针,坚持以儿童发展为本,深入实施素质教育,充分利用各类课程资源,优化课程结构,全面体现办学理念和特色教育体系。

我们认为,"恒教育"的价值有二:一是让生命持久幸福,二是让人性足够优秀。幸福,最重要的成分也是精神上的享受,因而是以优秀为前提的。优秀,就是人之为人的精神禀赋发育良好,成为人性意义上的真正的人。二者皆取决于恒毅力,取决于人性的健康生长和全面发展,"恒教育"的价值取向即在于此。一种教育倘若完全不把人性放在眼里,只把应试和谋生树为目标,使受教育者的头脑中充满死记硬背的知识,心中充满谋生的焦虑,对于人之为人的精神性的幸福越来越陌生,距离人性意义上的优秀越来越遥远——这还是教育吗?! 无论个人、民族,还是人类,衡量其脱离动物界程度的尺子都是人性的高度,而非物质财富。个人的优秀,归根到底是人性的优秀;民族的伟大,归根到底是人性的伟大;人类的进步,归根到底是人性的进步。让教育回归人性的高度,是学校教育改革的使命。

为此,学校依据"恒教育"之办学哲学以及"有恒"的办学理念,提出"给予每一个孩子坚持到底的力量"的课程理念,建构"恒品课程、恒语课程、恒智课程、恒创课程、恒健课程、恒艺课程"六大领域的课程体系,从"恒智课堂""恒明学科""恒趣社团""恒态节日""恒道探究""恒爱有约""恒温之旅""恒美校园"等途径着手推进学校课程实施,以承载学校"恒毅力课程"的育人功能,最终实现"培养具有恒志、恒学、恒心、恒美的青少年"之育人目标,努力做有恒毅力的中国人。学校课程逻辑图见图 2-2。

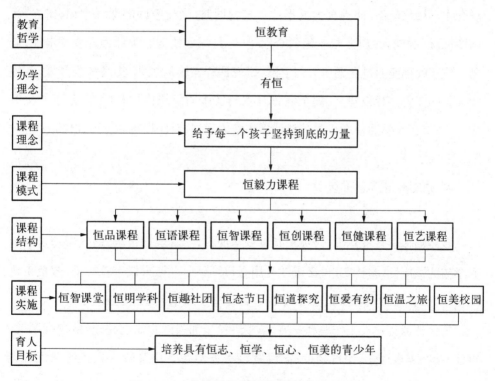

图 2-2 上海市昆明学校"恒毅力课程"逻辑图

从上述课程逻辑可见,我校秉承"恒教育"之办学哲学,并将这一教育哲学融入我校课程建设的方方面面,建设特色鲜明、与未来学校相适应的课程体系,探索九年一贯制整体课程方案,注重小初课程衔接方面的研究,形成一套可推广、可借鉴的校本课程资源。

二、组织建设与课程统整

我校的培养目标指导课程实施的全过程。教导科是学校课程管理机构,主要职责是计划、执行、检查、指导、评估全校各门课程的教学工作,并与各学科教师密切合作,以促进我校课程合力的形成。与此同时,强化教师的课程意识,树立"教师即课程"的观念;加强专业化和个性化学习,深入挖掘教师课程开发的潜能;鼓励每位教师都能通过课题研究与实践,研究课程实施的规律,提高课程开发、实施和评价的能力。我校建立、健全课程开发与实施的组织机构和职责,基于学生的发展,从课程统整的角度负责学校课程的整体规划,对课程布局进行优化。

三、制度保障与常态推进

我校加强课程整体设计,规范开设校本课程,丰富课程供给,增强课程对学生和学校的适应性,坚持"凡设必审""凡用必审"原则,严格审议审核标准,规范审议审核行为,加强课程教学管理,校本课程修订周期原则上不超过三年。

为保证课程建设工作顺利开展,学校进一步加强课程制度建设,从规划制度、审议制度、实施制度、评价制度、激励制度等方面建立一套较为完整的课程管理制度。

1. 课程规划制度

我校制定科学合理的课程规划,作为学校课程建设的顶层设计,统领学校的课程建设工作。每个学科组在学年之初根据学校课程规划,结合本学科课程建设实际,构建学科课程群,从学科课程哲学、课程目标、课程群构建、课程设置、课程实施、课程评价、课程管理等方面撰写学科课程规划。学科组长根据各年级学科设置情况,进行合理分工,组织学科课程骨干教师在寒暑假中完成课程纲要的撰写,对开设的每门学科从课程简介、背景分析、课程目标、学习主题、课程评价等方面做出详细的规划。每学期开学后,各学科组把学科课程规划、每门学科的课程纲要交到学校课程中心进行审议。完善课程规划制度旨在力求课程规划的价值统一、逻辑一致,确保学校课程的丰富性、适切性和各类课程的质量。

2. 课程审议制度

课程审议的组织机构是学校课程中心,每学期开学之初对学校的课程规划、各学科的课程规划、各类课程的课程纲要进行审核,提出完善和修改的意见。审核的重点是各类课程纲要,主要审核课程开设的价值、课程目标和内容的科学性、课程实施的可行性、课程评价的合理性。审核完成后,形成书面意见,下达学科组;学科组根据审核意见,对本学科课程设置进行调整,组织课程实施。

3. 课程实施制度

从不同类型的课程实施角度建立相应的课程研发、整合、实施、评价机制。从学生选课角度,学校课程分必修和选修两大模块。必修模块主要包括学科基础课程和拓展课程,选修模块主要包括活动课程。学科基础课程按照国家课程设置标准,开足开齐。拓展课程利用学科课程时间进行规划实施。选修课程采用"四定一动"的模式进行,定时间、定地点、定教师、定学生,学生选课走班。

4. 课程评价制度

课程评价着眼于学生的个性发展与能力提高,从指导思想、师生参与程度、创造性地发挥学校办学育人的特色等方面,对学校课程和学生发展进行评价。为了保证课程的开发质量,促进教师的专业发展,张扬学生的个性,彰显学校全面育人的办学特色,主要从两个方面对学校课程进行评价:课程实施、学生学业成绩。课程实施评价是对教师教学过程的评定,主要包括:教学准备、教学方式、教学态度等方面的评价。教务处通过听课、评课、问卷、座谈等形式,对教师进行考核,并归入业务档案,从而促进教师的专业发展。主要从四个维度来测评:学生实际接受的效果;学科带头人听课后的反馈;学生对教师的教学评价;学生选择该课的人数。学生学业成绩评价主要是对学生在学习过程中,在知识、技能、情感态度、价值观、学习方法等方面取得的成绩做出评价,评价要有利于促进学生个性的发展。对学生评价主要有三个方面:学生学习该课程的学时总量;学生在学习过程中的表现,如态度、积极性、参与状况等,用"优秀""良好""一般"等形式记录在案;学生的学习成果,学生的成果可通过实践操作、作品鉴定、竞赛、评比、汇报活动等形式展示,成绩记入成长档案中。

5. 课程激励制度

我校从绩效工资中列出专项,对课程建设先进个人、优秀学科组进行表彰奖励。课程建设与教师年度考核相结合,发挥激励机制的作用,充分调动教师参与课程建设的积极性和主动性。此外,学校创造条件,保证课程研发和实施过程中必需的经费、器材、场地、配置等物质需求。拓展课程、特色课程与基础课程一样,计入教师的工作量,工作业绩计入绩效,载入教师业务档案。

四、课程研修与教师发展

我校贯彻党和国家新时期对教师队伍建设的要求,坚持立德树人、为党育人、为国育才。在党建引领下,我校把教师队伍建设摆在学校事业发展的突出位置,持续推进教师队伍建设改革创新,提升教师的工作幸福感与成就感,努力建设一支政治素质过硬、业务能力精湛、育人水平高超的新时代高素质教师队伍;打造一支具有较强的国家课程执行力、课程研发能力、课程品质能力的教师队伍。

只有学校和教师有明确的课程意识,才能主动关注课程发展和课程实施;只有有了明确的课程意识,才能在实践过程中积极地反思并做出必要的调整。学校组织教师参加学校课程规划培训,使教师认同学校的教育哲学、课程哲学、育人目标、课程目标、课程结构、课程设置、课程实施、课程管理与评价等,宏观指导教师积极参与课程建设及课程开发实施;通过"国家课程校本化""课程深度整合""课程开发与实施"等专题培训,提升教师的课程意识,提高课程执行力及课程整合、开发和实施、评价的能力。通过课程建设带动核心团队培训,以点带面,引领教师提升课程能力。

五、评价引导与过程监控

课程过程管理是课程实施质量的保障基础,课程的实效很大程度上取决于在实施过程中有没有得到有效的管理。一是听评课监督。任课教师认真备好每一节课,按计划实施,学校课程开发与建设领导小组随机听课,随时测评。教师必须有课程纲要和教学方案设计,有学生考勤记录。教师应按学校整体教学计划,达到规定的课时与课程目标。教师应保存学生的作品、资料及在活动、竞赛中取得的成绩资料。二是定期总结和研讨。每月召开一次课程研讨会,展示优秀教师的成功经验,解决存在的问题,及时总结本课程的实施情况。学校还会设立课程统整与开发专家指导小组,定期聘请专家团队来校进行专项指导,跟踪开展相关的科目研讨活动。通过专家引领、专题讲座、分析交流、成果展示等形式,对教师进行系统的课程培训,使学校教师人人参与到学校的课程规划、实施、评价中来,提升每位教师的课程领导力。

六、课题聚焦与创新发展

我校把握新时代发展契机,弘扬和凸显办学智慧,集体发展校园文化,创新创建现代学校管理机制,凝聚各种组织力量,营造积极有为、民主共建的教育氛围,以科研驱动、内涵驱动、数智驱动,推进学校转型升级,促进办学愿景扎实落地。我们剖析学校课程实施中的亮点或问题进行课题研判,确立"基于'恒教育'理念的学校课程体系建设研究"之课题。全面考虑、设计清晰的内容框架,明确这个课题要解决什么、难点是什么,切合实际。从选题到具体细节,一切都从实际出发,内容分解落实不能为证明观点去找数据支撑,这种学术不端的行为违背科学宗旨,必须摈弃。我们要积极进行各类总结,获得值得推广、有价值的成果,这样,我们才能体验到课题研究的成就感、获得感、幸福感。

七、家校协作与联动育人

我校在家长和教师的共同努力下,开通了多条家校联系的渠道,形成家校协调、合作、互动的局面,有效促进了课程的开展。

1. 建立家长学校制度

家长委员会的成员是家长与学校间的引领者,既可以及时反映家长对学校工作的意见和建议,又可协调家长之间、家长与学校之间的关系,是学校与家长联系的桥梁。每个新学期家委会第一次会议上,学校会向家委会介绍本年度学校工作计划,广泛听取家长的意见和建议,同时诚恳地请家长就学校在教育教学管理方面存在的不足提出自己的意见,就学校的发展请家长建言献策,以协助学校科学治校、科学育人。

2. 发挥家长学校职能

我校及时传授家教新理念、介绍和交流有关家庭教育的知识经验和方法,为家长进行系列家教培训,提高家长素质和家庭教育的质量,促进学生身心健康发展。我校定期举行家长开放日、家长座谈会,使学校与家庭建立起和谐、互助的家校关系,保证家校教育目标的协调一致。为了建立良好的沟通平台,我们组建了校级、班级家委会微信群,方便了家委会与学校及时沟通。

八、资源挖掘与技术赋能

为了更好地推进课程实施,我们对现有的资源进行整理,深度挖掘和有效应用课程资源,包括学校资源、教材资源、家庭资源、社区资源及社会资源等。一切有利于提高儿童核心素养的资源既是知识、信息和经验的载体,也是课程实施的媒介,其中教师和儿童也是重要的课程资源。加强课程内容与儿童生活及与现代社会和科技的联系,关注儿童学习的兴趣与体验,以适应儿童发展的需要。

我校从"为集体授课而建"转向"为个性学习而建",丰富、拓展线下课程空间、物理空间与线上虚拟空间。一是灵活,创新教室布局,支持教师开展多样化的教学活动；二是智慧，实施信息技术教学融合，打造数字化学习社区；三是重组、扩展学校的公共空间，打破固定功能的设计思维，促进学习区、活动区、休息区等空间资源的综合利用。

适应教育信息化的高速发展，以及物联网、大数据、泛在网络、云计算等新一代信息技术的普及应用的新形势，推进学校智慧管理，努力实现管理业务全面数字化、可视化；教育管理实现实时监控、事前预警、基于大数据决策、提供智能推荐与精准服务；有效促进家、校、企、社合作；学校组织管理趋向扁平化，探索集团化办学新模式。建设教育大脑，对学生、教师、班级、学校等进行数据采集和分析，形成基于数据的精准管理，形成与未来学校管理相适应的组织体系。特别是，学校需要在技术赋能上下功夫，围绕精准学习、精准教学和精准治理的要求，充分利用"互联网＋"、人工智能、虚拟仿真、云计算、大数据等技术，从智能教学环境、云端大数据综合分析系统、智能管理系统等方面建设、改进、完善学校治理，逐步形成可感知、可诊断、可分析、可干预、可持续的未来教育生态体系。

九、时间管理与课时安排

我校严格按照中央和上海市有关深化教育教学改革、深入实施素质教育、进一步规范课程教学工作、减轻学生过重课业负担的要求，加强教育管理，认真执行课程计划，努力提高教育质量，把德育工作贯穿于学校教育的全过程。落实《中小学德育工作指南》，深入贯彻实施《上海市学生民族精神教育指导纲要》和《上海市中小学生生命教育指导纲要》，把培育和践行社会主义核心价值观，弘扬中华优秀传统文化、革命文化、社会主义先进文化融入中小学教育的全过程。大力开展"温馨教室"建设，促进中小学生身心健康发展；积极探索实践教学和学生参加志愿者服务、公益劳动等社会实践工作的有效机制,积极开展各种富有趣味性的课内外文化、体育、科普活动,培养学生的劳动观念,提升学生的创新精神、实践能力和社会责任感,促进学生全面发展。

统筹用好各类课程课时,进一步用好课后服务时间,探索长短课结合,创造条件开展体育锻炼。保证小学每天开设 1 节体育课,落实初中每天开设 1 节体育课。利用课后服务时间开展丰富多样的体育锻炼活动,保障学生每天校内外运动不少于 2 小时。

我校严格按照市教委颁发的中小学课程计划规定实施,并由所属区严格规范和科学指导。(详见表 2–12)

表 2–12　上海市昆明学校初中阶段 2024 学年度课程计划

科目　　　　周课时			年　级			
			六	七	八	九
国家课程		道德与法治	2	2	2	3
		语文	6	6	5	6
		数学	5	5	5	5
		英语	3	4	4	4
		历史		2	2	
		地理	2	2		
	科学	科学	2			
		物理			3	2
		化学			2	2
		生物学		2	2	1

科目 \ 周课时				六	七	八	九
				年级			
国家课程	艺术		信息科技	1	1		
			体育与健康	3	3	3	3
			音乐	2	1		
			美术	1	2		
			艺术			2	2
			劳动	1	1	1	
			综合实践活动	1	1		1
地方课程			人工智能				
校本课程			班团队活动	1	1	1	1
			写字(语文)	1			
			思维训练(数学)	1	1		
			听说训练(英语)	2	1	1	1
			实验拓展(物理)				1
			实验拓展(化学)				1
			体锻	2	1	1	1
			周课时总量	36	36	34	34

课程计划说明:

(1)六至九年级每节课为 40 分钟。

(2)七年级每班每两周开设生命教育心理健康活动课 1 节,有心理专职教师授课。每学期至少安排 1 节以生命教育心理健康为主题的班团队会、1 次有针对性的心理健康教育和生命教育专题活动。

（3）"中华民族大团结"课程在七年级开设，不少于 12 课时，结合校本课程、班团队活动和社会实践统筹实施。

（4）《习近平新时代中国特色社会主义思想学生读本》安排在八年级上，由道法老师执教，每周 1 课时，利用道法课和班团队统筹安排。

（5）国家课程中每学期开展学科项目化学习的课时不低于 5%（其余约 5% 课时可开展主题化等综合性教学活动），地方课程和校本课程中的项目化学习课时比例不低于 5%，可与跨学科主题学习整合实施。

（6）每学年 2 周的社区服务和社会实践，学校是分散安排的，每学年 2 天的社会考察活动、日常的志愿者服务队、节假日开展博物馆研学、寒暑假"人文行走"等活动计入，累计为 2 周。

（7）安排周一至周五 12:20—12:50 为午休时间，要求全体学生在规定时间准时进入教室午休，不迟到、不缺席，不提前结束午休。各年级教师按照教务处统一下发的午休安排，负责进班午休值守，不空岗，不擅自离岗。午休期间不进行集体考试、做题、讲课、答疑。

十、安全管理与责任落实

我校树立安全第一思想，为学校课程变革提供充分的安全保障。

一是增强教职工安全法规意识，营造依法治校的安全环境。开学初组织全体教师认真学习《中小学校岗位安全工作指导手册》《教育部中小学教育惩戒规则（试行）》等安全法规制度。积极落实有关安全教育要求，组织全体教干教师及学生和家长开展安全教育培训,做到知安全、懂法规、守规则。全校教干教师明确安全工作"一岗双责",让安全法规落地生根。

二是完善两个机制,优化学校安全环境。一方面完善校园安全风险管控机制,边查边改,消除学校安全隐患。梳理若干潜在风险清单,加强日常安全防控,实现网格化、全员化管理,做到抓经常、经常抓;突出防踩踏、防溺水、安全出行、防欺凌等专项安全管理,落实安全管理清单,责任到处室,分工到个人,形成职责明确、风险可控的管理格局。另一方面完善校园周边环境综合治理和巡查机制。依靠市场监管部门、综治部门、公安交警部门及各村居、社区抓好校园周边治理,实现互联互动。组建五个巡查组,负责学生上学期间校园及周边安全巡查,做到有记录、有整改,实现常态化。

三是突出专项治理,有效降低安全事故发生。(1)进行防溺水专项治理。排查校内及校园周边水塘,做到警示标志无遗漏;借助班级微信群、一封信等方式,做到家校联系全覆盖;召开主题班会,播放溺水案例宣传视频,做到安全警示教育全覆盖;节假日每天发送安全小提示,做到居家安全学习全覆盖。(2)进行安全出行专项治理。我校出台安全出行专项整治方案,摸排学生出行方式,建立台账,强化校车管理,明确乘车学生的交接工作;集中整治学生电动车,落实监护人职责;规范"爱心护学",规范家长接送秩序;开展交通安全教育、签订安全责任书等相关工作。(3)进行防学生欺凌专项治理。邀请法治副校长做报告,举行校园防欺凌学生签字仪式,定期排查苗头性问题并及时处置,有效遏制此类事件发生。(4)进行防踩踏专项治理。召开防踩踏专题班会,举行校园防踩踏学生签字仪式,发放倡议书,落实教学楼安全网格员制度,定岗定员,定期排查苗头性问题,并及时处置,有效遏制此类事件发生。

四是抓好"防、查、教、督"四项常规,做好日常安全管理工作。一抓"三防"建设,坚持人防、物防、技防并重。二抓隐患排查。三抓安全教育。抓好"五位一体"岗位安全责任制落实。建立"人人有责、层层负责、各负其责"的全员化、网格化安全岗位责任体系,签订教职工安全岗位责任书。第一级安全管理领导小组负总责,第二级安全管理工作小组负责日常管理,第三级处室和年级各负其责,第四级班主任是班级安全管理第一责任人,第五级为安全管理疏导员。我校通过五级安全管理防范体系的建立,较好地落实了"一岗双责",最大限度地消除了安全隐患。

总之,我们学校办学的最大亮点是倡导"恒教育",把培育"恒定的人格力、持续的健康力、独特的审美力、突破的策源力"的少年儿童作为教育价值追求。我校倡导每一个孩子做有恒毅力的中国人,致力办一所幸福绵长的学校,打造"外语茂+科技范+艺术酷+体育炫"全面素质教育特色。我们将进一步围绕课程变革,以高质量发展为目标,努力打造具有"恒教育"特色的未来学校。

第 三 章

因材施教：我们与世界只差一个你

　　教是为了不教，学是为了成长。每一个孩子都是真实的、鲜活的个体，成长的标准因人而异。教育不仅仅是传授知识，更是发掘生命的潜能。因材施教，就是为了让每一个孩子都能绽放自己的光芒，展示自己的风采。为此，我们采取问题链教学、数字化教学、场景式学习、弹性化作业等多样的教学方式，让学生形成自己的成长逻辑，实现生命价值。

第一节　问题链教学：挖掘思维深度

建构主义认为，知识是建构的，而非先定的。建构主义强调向学生提出问题，循循善诱，激发学生的求知欲望，使其能真正融入课堂。教师的任务不再是传输理论，而是引导学生共同参与到解决问题的过程中，帮助学生在这一过程中提高自己的综合能力。换言之，教师是学生建构知识的组织者与引导者，在课堂中给学生带来具有挑战性的问题。[①] 建构主义理论认为，问题链教学就是要深层次地挖掘教学资源的教育价值，按照逻辑结构设计出一组层层递进的问题链，并通过这一个个问题将教材内容融入探究活动，从而起到加快教学模式转型的作用。

一、问题和问题链

何谓问题？有学者认为，问题是理想与现实之间的差距。[②] 我们认为，问题应该是教学过程中的困惑，由困惑产生的思维空间，更是因困惑、思考促生的一种紧张状态。

（一）问题是实践困惑

基层教师每天都在课堂教学，每时都与思维层次不同的学生打交道，自然而

---

① 何新燕.问题链教学法在高校思政课中的应用研究[J]. 现代职业教育,2023(28).
② 李启明.论问题意识[J]. 湖北经济学院学报,2003(5).

然会产生各种各样的困惑。在这些困惑中,有共同的,也有个别的。调查结果显示,60%的青年教师在大学里学习了大量的理论知识,但在实际教学工作中却发现这些理论知识并不能很好地运用。而一些执教多年的教师也会过于依赖教材和教参,缺乏对知识的灵活运用能力,导致了所学与所用的脱离。这使得教师这个群体在实际教学中普遍感到困惑和无助,面对不同的困惑,教师要发挥各自不同的优势,用不同的方法解决这些困惑。

(二) 问题是思维空间

问题反映了时代的脉搏,引导我们前进的方向。在教学中,"提问""回答"是师生间最常用的互动方式,问题激发了教师教学实践的动力,也为学生学习的创新提供了源泉。教师在分析课程标准、学习内容、学生情况的基础上,对教学内容进行思考、加工,转化成一个个教学问题,其目的在于启迪学生思考,帮助学生学习,自主发现并提出问题。在教学过程中教师只有设置有效的问题,才能引导学生深入解读文本,实践阅读技巧,形成阅读技能,启发深层思维。

(三) 问题是紧张状态

"问题"一词最早被定义为需要解答的题目,在现在通俗语言中"问题"被认为是在生活中遇到的需要化解、处理的一系列困惑及难题,它是构成"问题链"的基本单位,所谓"链",它不是在课堂中独立分散地存在,而是由多个环环相扣的问题连接起来形成的整体。问题链教学法则是教师在精准把握学情的基础上,立足教材内容,富有情景、层次与探索价值的架构,以达到教学目标,引导学生自主探究与学习、激发学生内驱力的教学方法。而教师要从学生的认知特点出发,将问题链贯穿于教学之中,层层推进,让学生处于一种紧张的思考中,推动学生思维向更高层次发展。[①]

二、问题链教学的意义

马赫穆托夫基于培养学生的独立认知及创造能力,写出了《问题教学》,他认为在传统的教学模式下是很难达成他期望的培养目标的,因为传统教学重理论的灌输,轻学生的探究,限制了学生的发挥空间,不能为学生提升创造能力提供良好的条件。在此情况下,马赫穆托夫认为应该借助"问题教学",但要注意的是,这里所谈到的"问题教学"并非简单直白的师生对话,而是教师精心设置问题的情景,学生置身于情景中通过独立探索、分析、归纳才能得出结论。学生处在问题的情景下,自然产生紧迫性,这种紧迫性激发学生独立探索获取问题答案的智力。基于问题教学理论,问题是教学设计的重中之重,这与问题链教学法有着异曲同工之妙,都是以"问题"驱动教学过程的模式,为问题链教学法在实际应用中奠定了坚实的理论基础。[②]

链式问题是一种必不可少的教学策略。前一个问题是后一个问题的前提,后一个问题是更后面问题的铺垫与阶梯,依次顺延下去,层层铺垫,环环相扣,便形成了一条问题链。其旨在引导学生顺着作者的思路一步一步、层层深入地去思考,充分发挥学生的主体意识,激发学生的求知欲望,使学生对所授内容的理解更加全面、透彻。

基于以上内容,可以说问题链教学填补了理想与现实的距离,使书上枯燥的理论变得生动起来,弥补了课堂"教"与"学"互动的不足,促进教学目标的达成。

---

① 何新燕.问题链教学法在高校思政课中的应用研究[J].现代职业教育,2023(28).
② 何新燕.问题链教学法在高校思政课中的应用研究[J].现代职业教育,2023(28).

三、问题链教学的实践操作

教师围绕教学目标，结合学生已有的知识经验，可以通过设计显性问题、隐性问题和拓展问题帮助学生深刻理解学习内容，提升学生的学习质量。

我校唐海平老师在教学《牛津英语》七年级第二学期 Module 2 Unit 6《Hard work for a better life》一文时，根据英语阅读的读前、读中、读后三个环节，设计了三种类型的问题。

（一）文本显性问题链

显性问题能够促进学生对文本信息的识记和理解。教师通常可以就文中的词句、细节信息或结构提问，学生通过快速浏览便能直接找到答案。在教记叙文时，教师可以设计一些时间、地点、人物、事件起因等相关的问题。

唐老师设计如下问题：（1）Where did the grasshopper and the ant live? （2）What did they do in summer/ autumn? （3）Where were the grasshopper and the ant in winter? （4）How did they feel in winter?

通过文本显性问题，帮助学生理解故事中蚱蜢和蚂蚁在不同季节的不同动作行为所展示的不同品质特点，为后文的理解做铺垫。

（二）隐性问题链

隐性问题是教师围绕文本中有价值的关键点设计的问题。这类问题一般没有现成答案，需要学生在理解并获取文本事实信息后，结合已有的认知和经历，对文本信息进行再提取和加工。

唐老师设计如下问题：（1）What did the grasshopper think of the ant?（2）So what did he say to the ant?（3）Was the ant as silly as the grasshopper said?（4）What do you think of him? Why?（5）What do you think of the grasshopper? Why?

通过回答隐性问题，学生建立起身为"读者"和"故事人物"的关系，更好地把握深层内容。

（三）拓展问题链

拓展问题是超越文本的问题，是对文本的延续和信息的再挖掘和立意的提升。学生需从不同的角度和层面，结合逻辑思维和情感态度得出综合性的评价和结论。这类问题对发挥学生的主体性，培养其深层次思维有重要的作用，可以帮助学生形成正确的解决问题的意识、方法和能力，也能使其更好地面对中考语篇回答问题的题型。

俗话说"一百个读者眼中有一百个哈姆雷特"，不同的学生对于同一个文本的看法也不尽相同。设计拓展性问题，旨在培养学生的批判性思维和创新性思维，并且学生个体之间可以分享交流，达成多元化的理解。

基于此，唐老师设计如下问题：（1）How did the ant feel in winter?（2）How did the grasshopper feel?（3）When the grasshopper looked for food everywhere but found nothing，How did he feel at that time?（4）The grasshopper was cold, hungry and disappointed. What do you think would happen to him?

通过这些拓展问题链，激活学生的想象力，让学生大胆预测蚂蚁对蚱蜢可能的态度及蚱蜢可能的命运结局，对文本内容做出价值判断。

问题链是一项设疑、激趣、引思的综合性教学艺术。问题的开放设计可以灵活多样,从显性问题入手,有助于引导学生把握教材;从隐性问题入手,鼓励学生透过文字去想象、思考,想象力越丰富,创新能力就越强。从拓展性问题入手,同一部作品,由于学生的认识水平、生活经历、思想境界的不同,体验也不一样,能激发不同的思维火花。无论是哪一种问题,只要问得巧妙,问题击中学生的兴趣点、情感的共鸣点、思维的兴奋点,就能激活学生的思维空间,打开学生的心锁,提高学生的心智,拉近理性和现实的差距,从而达到培养学生多方面的素养、提高学生的学习能力的终极目的。

第二节　数字化教学：提升数智水平

数字化教学是场景式教学的一种特殊形式,其利用各种先进的教学工具开展校园活动,基于真实场景,发展学生的核心素养。数字化不仅仅是一个为了吸引学生学习注意力的多媒体片段,也不仅仅是一个用于导入的多媒体素材,它能够成为一种用于构建真实的学习场景,帮助学生在其中面对问题、分析问题、解决问题的工具。

一、数字化学习的发展环境

2021年,中央网信办颁发的《提升全民数字素养与技能行动纲要》有这样一个定义:"数字素养与技能是数字社会公民学习工作生活应具备的数字获取、制作、使用、评价、交互、分享、创新、安全保障、伦理道德等一系列素质与能力的集合。"

我校是数字教材项目试点校,随着在线教学的大规模展开及数字化教学转型研究的推进,以数字教材应用推进为抓手,促进视频资源应用、助力教学方式变革、探索线上线下融合式教学、推进智能化教学已经成为当务之急。此外,"双减""五项管理"对于数字教材等信息技术应用也提出了新的要求。

我校为贯彻杨浦区课程改革工作会议精神,认真落实学校课程计划,基于课程标准,深化课堂教学改革。以教育信息化为切入口,我校加入杨浦区"创智云课堂"项目组,运用 Aischool 教学平台等应用平台,有目标、有计划地开展课堂研究与课程教学,组织项目组成员积极参加研讨,积极申报校级、区级公开展示课。

我校也是第二批"创智云课堂"项目试点校,深入贯彻杨浦教育"十三五"规划的要求,落实市教委"基于课标"工作精神,深入推进区域创智课堂变革,持续围绕学校"关注学情,关注差异,注重分层评价"的教学理念,深入开展"创智云课堂"的研究,制定了以"探索学习,实践应用"为主题的学习目标。

二、数字化教学技能培训

随着"互联网＋"时代的到来,我国教育体系正经历着深刻的变革与调整。数字化建设正在向着国际化的方向发展,互联网在教育领域中的广泛应用,对提高教学质量起到了关键性的作用。教育教学在享受互联网带来的便捷的同时,也面临着诸多挑战。因此,教师应重视互联网技术的作用,树立"互联网＋教育"的应用意识,结合自身实际情况,优化资源配置,促进"互联网＋教育"的深度融合,因材施教,促进学生的个性化发展,增强学生的思维素质、创新意识和实践能力。同时,教师还要逐步完善自身的教育管理意识,创新教学模式,顺应当前大数据时代的发展趋势,进一步推进"互联网＋教育"模式的应用,满足数字化建设的发展需要。

我校充分利用各种机会增强教师在教学中的"互联网＋教育"的应用意识；成立云享信息服务组，发展每个教研组的青年教师作为信息技术能手，充分发挥他们求知欲旺盛、学习热情高涨的特点。项目组的教师以个体为单位承担了本学科"创智云课堂"实践课程的试点教学工作，参与区域信息化研讨与培训；以项目组为单位积极投身各类信息化科研活动及相关竞赛，集体观摩学习信息化背景下的"创智云"新技术，每月定期开展项目组会议，总结实践经验，交流相关问题，寻求解决方案。每月，我校还定期组织信息技术培训活动，安排相应的学习内容，帮助项目组成员提升信息技术运用能力。每学期除了教研培训外，学校组织教师积极参与区级"创智云课堂"的公开教学展示与听课、评课活动，从中互相交流教学经验，共同探讨云技术与日常教学的有机融合，在实践中探索新方法、寻求突破点，为促进学生高阶思维能力发展的"育慧课堂"奠定基础，同时也凝聚集体的力量，助推项目组教师快速成长。

云享信息服务组成立 7 年来，始终围绕着学校发展的工作目标，聚焦学校教师队伍建设，以提升教师专业化发展水平为重点，深入开展项目组研究，提高课堂教学效能。组内教师在课堂实践中不断摸索信息技术的先进手段，改进教学方法，不断创新，提升课堂实效。我校以课题研究来引领项目发展，完成了《交互式智能平板融入教学应用的研究》课题申报，并被立项成为 2018 杨浦区一般课题。组内教师共同分工撰写，完成《"创智云课堂"教师实战手册》汇编。

我校项目组教师也在各项专业比赛中获得不俗的好成绩：张竞艳老师获得2018 年新媒体新技术教学应用研讨会暨第十一届全国中小学创新课堂教学实践观摩活动三等奖、2021 年上海市中小学信息化教学应用交流展示活动融合创新应用教学案例三等奖；朱麟老师获得"百花杯"美术组二等奖；杨浦区"闻曦杯"微课比赛赵锦悦老师获得一等奖、刘馨雯老师获得三等奖;刘馨雯老师获得 2019 年新媒体新技术教学应用研讨会暨第十一届全国中小学创新课堂教学实践观摩活动二等奖。赵洁老师的微课《浓硫酸的特性》荣获 2019 年上海市中小学生信息化教学应用交流展示活动基础教育课二等奖;伍韵老师荣获 2022 上海市中小学戏剧优秀微课征集展评活动铜奖;王雯君老师撰写的《字画传情之电影海报中的 POP 艺术字体》课例荣获 2022 年杨浦区中学"信息技术支持下的教学课例"评选活动三等奖。

服务组成立以来,于 2018 年 3 月和 9 月、2019 年 3 月分别获得杨浦区"创智云优秀项目校"称号;在 2021 年杨浦区第五轮"五类学习型团队"评选中,荣获"学习型班组"称号。

在主题为"有效应用信息技术持续提升教学实效"的教学案(课)例分享会上,中小学两部的教师围绕"数字化教学之信息技术的渗透"的主题做了经验交流。中学部许艳庆老师分享了历史课堂上的信息技术手段,"摆事实,讲道理",列举文史资料与对应的示意图。时空观念是历史教学的五大核心素养之一,相比于传统的教师讲述、学生机械记忆,通过图片获取历史信息,有利于学生空间观念的构建。在教学中,要求学生知道隋朝疆域的大致范围,需要知道隋代大运河的走向和组成。许老师通过呈现图片《隋朝疆域图》《隋代大运河》,构建学生的时空观念。当然,历史的教学如果不能使学生在充分了解史学的基础上形成理性的认识,那么,学生不能算是认识了历史。许老师的这节课在各教学环节中共计使用了 13 则文史资料,在传统授课方法中,往往只能通过教师进行朗读,课堂效率不高,且理解力较薄弱的学生无法做到听过一遍就快速有效地抓取有效信息;而通过 PPT 课件的呈现,就有效地解决了课堂教学资源扩充的需求。除此之外,许老师还使用信息化手段呈现表格,引导学生通过对比分析理解知识点,从而自主进行总结归纳,锻炼能力的迁移。

小学部语文组老师分享交流了他们在线上教学规范学生学习习惯的一些好方法。比如针对学生预习作业、预习习惯的养成,他们组织了一次在线研讨,最终提出了一个改变现状的方法,即使用电子学习单。具体做法是:教师在提出预习作业的同时,为学生制作每课电子预习单和生字书写指导,帮助学生加强预习。老师的电子学习单设计了"内容简说""文本分析""教学目标""教学重难点""小练习"以及"练习答案"这六个部分的内容。以电子预习单的形式规范语文预习,让本不清楚预习要求的学生进一步明确预习步骤,让学生知道课文讲了什么,学习过程中该抓住哪些重点。在此基础上,每天还发布电子学习单,并通过口头小练习的检验方式督促不自觉的同学。

中学部语文教师王彦是学校数字教材实验班的任课教师,她把在数字教材平台上进行课堂教学的过程当作师生信息交流的载体,在这个过程中,老师起主导作用,学生占主体地位。老师把握信息流向、流程的控制,同时,由于人机交互功能的使用,教师能根据学生不同的学习程度和课堂的实际情况,实时地控制信息的表现形式,及时调整教学策略,这样就能兼顾不同学习水平的学生了。

在上写作课时,王老师根据学生的情况设计了三次不同程度的练笔,每次学生完成后都要及时收取、修改、反馈,解决问题之后才能进行下一个环节的教学。这么大的课堂容量以及教学的时效性,在传统教学中是无法做到的,然而利用了数字化平台的交互功能就能轻而易举地解决这个问题。在这个交互的过程中教学的难点和重点也得到了相应的突破,学生即时分享学习成果的过程也是再学习的过程。

早从 2015 年起,中学语文教研组长王荣老师就使用信息化平台多次进行课堂实践,比如"文章的记叙顺序""一样的故事,不一样的视角"等展示课,利用 pad

让学生浏览范文、修改病文,并且即时展示交流,大大地提高了作文课的容量和效率,为语文组在信息化技术的使用上做好引领。顾为菊老师也使用信息化平台展示"百合花开"一课,利用 pad 和学生互动交流,成功使用信息技术提高语文课堂实效。组内越来越多的老师能够熟练地使用信息技术,在线上教学期间,语文组的线上教学,无论是备课、上课还是作业布置、作业讲评、课后小测,都积累了成功经验,有效地提高了线上课堂的效率。复课后,语文组老师在线上教学受到的"锤炼"使他们对信息技术的使用更加驾轻就熟:在课前用信息技术引路,激发学生学习兴趣——解决学生"想学"的问题;在课堂上重难点处信息技术大显身手,激活课堂实效性——解决了学生"会学"的问题;拓展延伸处巧妙引入信息技术,加大课堂容量——解决学生"会用"的问题。

《义务教育数学课程标准(2022 年版)》强调:数学教学应坚持创新导向,注重信息技术与课堂教学的融合,开展形式多样的教学活动,全面提升学生的数学核心素养。所以,初中数学教师要遵循新课标精神,发挥数字化教学的优势,创新数学教学方式,消除时间和空间的限制,引导学生随时随地进行数学学习,真正提高数学学习质量。[①]

在 2024 年 4 月教学展示月活动中,数学组马骅莉老师在设计《角的概念与表示》一课时,考虑到图中的线数量增加导致题目难度增加,直接让学生完成会有难度,她利用交互式白板和游戏的形式让学生寻找图形中的角,利用游戏降低了题目的难度,同时增加了学生的学习兴趣、提高了课堂效率。

数字化教学为学生提供更多的资源,实现了学习内容的衍生,实现了教师与学生有效及时的沟通和协作,使教师能尽快调整教学节奏和难易度,做到适合学

---

① 马晶.数字化背景下初中数学教学模式初探[J].学周刊,2024(18).

生学情的教学。

三、数字化学习和教学的评价

数据驱动的全过程、全要素的评价，让我们对数据技术有了一个全新的认识。加强教育评价数据治理，建立学生成长、教师发展的数字画像，让原来的阶段性评价变成过程性评价，并通过全数据、全要素进行评价。

随着教改的不断深入，学生学习效果的评价趋于多元化，以语文学科为例，朗读、书法、交际口语、写作等不同形式的评价已经取代了传统的评价模式。在线上教学，三年级的语文老师通过使用PPT分享的方式，尝试一种新的评价学习效果模式。

面对在线学习中学生做作业、交作业积极性不高的问题，有的老师为了鼓励学生认真完成作业，把优秀作业制作成PPT分享；有的班级采用优秀学生作业风采展的形式，既是激励又是示范；有的班级采用某学生一周前一周后对比的形式，依据该学生前后的表现进行评价，鼓励有进步的同学。复学以后，老师还给在居家学习过程中书写用心的同学颁发小奖励。榜样的树立调动了学生主动学习的积极性，更激发了学生巨大的潜能。同学们在"比一比"的活动中，书写越来越用心，字迹越来越工整，作业本也越来越整洁了。三年级语文老师巧用PPT这种信息化手段，起到了形成性评价反馈作业信息的效果，在教学过程中对学生的知识掌握和能力发展做及时的测评。目的不注重于成绩的评定，而是使师与生都能及时获得反馈信息，更好地改进教与学，以促进学生对待作业的积极性，同时也能使教师及时调整教学，提高教师的教学能力。

在知识系统日渐庞杂，学生却普遍脱离现实的现今，数字化教学可以在一定程度上模拟呈现真实场景,使一些枯燥乏味的知识点灵动起来,降低学习难度,激发学生的学习兴趣,提升学生的学习能力。

第三节　场景式学习:聚焦生命成长

有学者认为,场景式学习作为一种新型学习方式,其呈现出的资源智联、开放互动、泛在服务、适应个性化需求等新特征能够促进学习者能力的发展和培养。[①]也有学者秉持这样的观点:场景式学习是基于"现场"或"景况"进行的学习,其场景更多是将真实的现场或景况通过技术摄取、通过网络"端送"到学习者的屏幕或银幕,以及是根据时代发展需要,利用虚拟现实和增强现实技术创设的虚拟或仿真的"现场"或"景况"。[②]

我们认为,场景式学习是一种聚焦生命成长的学习理念,是一种以具身体验为核心的学习方式,常常采取"现场"或"虚拟"的学习情境处理学习内容与进程,以实现激发学生的兴趣、吸引学生的注意力、唤起学生的感知力的目的。

一、场景式学习的特征

场景式学习有其丰富的内涵,其主要特征有如下几个方面。

---

① 罗灵燕.移动互联时代的场景化学习研究[D].曲阜师范大学,2020.
② 陈耀华,陈琳,姜蓉.发展场景式学习促进教育改革研究[J].中国电化教育,2022(3).

(一) 具身性与文化性

学习是以人为主体的学习,要承认个人思维的差异性,发挥人的主动性。场景式学习在理念上,是具体的人的学习,是现实的人生命存在的意义。

有人认为根据具身认知生成的路径,可以分为实感具身、实境具身和离线具身。这就给传统教学带来新的启示:从纯粹大脑认知的传统教学转到身心投入的主动体验式学习,师生互动的身心融合为生成式学习达成了路径,场景式教学则为加强身心体验的重要教学方式,消除对学生和教师身体束缚的负性具身效应。①

心理游戏以游戏作为心理辅导的载体,以富有趣味性和互动性的方式,帮助学生更好地理解和掌握心理健康的知识和技能。通过参与游戏,学生能够更加深入地了解心理健康的重要性,学习如何调节情绪、缓解压力、建立积极的人际关系等。且心理游戏往往需要学生运用想象力、创造力、团队合作能力等来完成任务,学生在游戏中能够锻炼自己的心理素质和综合能力,提高自我认知和自我管理的能力。更重要的是心理游戏往往涉及一些心理问题和挑战,通过参与游戏,学生能够更加深入地了解自己的内心世界,发现自己的优点和不足,从而更好地促进自我探索和成长。

这样的课堂以学生为主要参与者,体现了学生自主体验的过程。教师作为组织者和协助者要以宽容的心态去接纳学生的不同感受,切忌主观地将学生的感受引入自己的思维定式。

我校每年都会举行心理节,心理专职教师王佳会针对每个年级学生的特点设计心理游戏。她会根据心理节主题确认基本规则,然后把教学内容组织成结构化的活动,再从激发学生的创造性和想象力的角度出发来设计。这样的一些游戏往

---

① 殷明,刘电芝. 身心融合学习:具身认知及其教育意蕴[J]. 课程. 教材. 教法,2015,35(7).

往能调动学生的感官,让大部分学生都能沉浸其中,游戏过程中学生也乐于表现,有助于把传统的理解性学习转变为深度体验的过程。

劳动教育是教育学生热爱劳动及尊重劳动成果的教育活动,是帮助学生树立正确的世界观、人生观和价值观的重要课程,对促进学生德智体美劳全面发展有着积极作用。学校作为劳动教育实践基地,重视学生的实践能力,通过场景式学习让学生感受劳动的苦与乐。我校成立中草药小社团,开展项目化学习实践。劳动教育项目化学习的价值核心是促进学生真实劳动和深度学习,建构可迁移应用的劳动知识与技能。在劳动教育项目化学习的过程中,项目主题是劳动的线索,项目任务是劳动的载体。在老师的指导下,学生可自主查阅了解中草药习性特征,结合气候特点和"小小责任田"的环境条件,确立班级中草药种植种类。学生每天课间都可以去"本草园"参观,看看有什么变化,浇水除草,细化职责,充分发挥岗位服务的教育功能,让劳动成为一种习惯;充分发挥优秀少年儿童的时代力量,将"走出去"的所学、所看、所悟进行总结分享。同时也挖掘我校校园内现有的中草药植物,通过多种形式的宣讲,传播中草药文化知识,提升文化自信和民族自豪感,厚植爱国情怀。

习近平总书记提出,要以时代精神激活中华优秀传统文化的生命力,推进中华优秀传统文化创造性转化和创新性发展。《义务教育语文课程标准(2022年版)》"总目标"也指出,"认识中华文化的丰厚博大","吸收人类优秀文化的精华"。但在传统教学尤其是人文类学科的学习中,不能激发学生对优秀传统文化的深度热爱,关键问题是就教材教教材,文化性突显不够。

而场景式学习为理解传统文化提供了载体和途径,倡导的是一定文化背景下的真实性学习。语文教材中有很多文学作品都有其产生的特定文化背景,也都有其想要表达的主题和主旨。在写作之时,作者的是非、褒贬等价值判断和感情色彩常常已经浸润其中,只有对作品的背景知识以及作者的生平经历足够了解,才能够更好地理解作品。而学生对作者生平的了解往往只是源于教材注释中有限的几句话,得到的印象很大程度上是概念化、程式化的纸片人,缺乏对于作者生动、丰满形象的感知。①

比如朱自清的《背影》这篇课文,学生如果只是阅读课下注释是不能理解作者对父亲的复杂情感的,语文组顾为菊老师在教这篇课文之前先引导学生去熟悉朱自清与父亲之间的渊源。朱自清的少年时代,正是旧的封建思想被新文化运动所冲击的时代,朱鸿钧秉持父道尊严的封建思想来要求朱自清这样一位受新思想熏陶的知识分子就显得格格不入了。朱自清北大哲学系毕业后,回到老家扬州教书。他当官的父亲对此不太满意,而年轻的朱自清在北大受到了更多新思潮新风尚的影响,对父亲三妻四妾的封建做法也很看不惯。观念上的差异,注定了父子俩的隔阂越来越深。这也是那个时代千千万万父亲与儿子的缩影。正是社会层面的矛盾,朱鸿钧和朱自清无可幸免,父子之间因为种种矛盾产生了难以调节的嫌隙。

通过这样的写作背景介绍,学生就能理解朱自清几次在文中说道"我那时真是聪明过分",否则就会对朱自清这个伟大文学家的"父子关系"产生误解,也会让学生觉得"矫揉造作"。所谓"知人论世",大抵讲的就是这意思。

再以英语"词汇教学"为例,英语不仅是交流的工具,也是思维的工具,与英语国家的文化有千丝万缕的关系。由此可见,英语词汇作为英语学习的基础本身就带有浓厚的文化性,但教师在进行词汇教学时常常略过这些文化知识。所以,部分学生兴高采烈地走进课堂;然后,兴致缺缺地学习词汇;最后,翘首以盼地期待下课。词汇的灵魂在于它的文化性,一旦英语词汇教学离开了文化,离开了语境,

---

① 余光煜. 初中文言文教学二三事[J]. 读写月报,2021(6).

学生不仅仅没有掌握词汇本身的重要意义,而且还会影响文化意识和文化品格的提升。[①]

我校吴欢欢老师在词汇教学过程中拓宽学生的英语视野,在教学之前会先让学生看一些英语纪录片,让学生去了解其他国家的文化,引导学生拿各国不同的节日进行对比,让学生亲自体验各个国家的不同文化,并加强学生对其他国家文化的了解,增强对英语的认可度。

(二) 聚焦性与融合性

聚焦性是一种形象的说法,假设人们通过各种感觉器官摄入的材料是手电筒所发出的光,当这束光照到我们的精神内容时,被照到的地方就展开,摄入物与脑海中已有的精神内容就产生了关联。

聚焦性在具体的交际系统中作用于表达之前与接受之后。表达和理解的实现过程可以概括为:甲通过自己的感觉器官摄入一些信息,甲大脑中某些与之相关的信息被这一内化的形式所照亮,于是甲在自己的内部世界中将这一信息用已有的精神意识内容进行整合加工形成焦点并外化为语言,用人声表达传递给乙,乙通过自己的听觉器官接收到这一语音形式后迅速将其移入自己的内部世界,然后乙大脑中的某些与之相关的信息被这一内化的形式所照亮,而在此基础上再次对这一信息进行整合加工,随之如果两个不同的内部世界对这一信息的焦点大体重合,便可以产生共鸣,达到理解。在整个过程中,表达者和接受者在自己的精神世界中分别完成了一次聚焦。

聚焦性是非常灵活的,既可聚焦,也可调焦,受我们感知对象和思考对象的牵

---

① 余霞.浅谈初中英语教学中的词汇教学[J].读写算,2019(29).

引,它的大小是可控的、内容是游走的。因此两个不同的主体对同一对象经过个人精神活动的聚焦所形成的点可能会有很大差异,造成交际中的障碍。

场景式学习同样呈现出融合性的特征。2022年《国家"十四五"时期哲学社会科学发展规划》指出:"促进基础学科健全扎实、重点学科优势突出、新兴学科和交叉学科创新发展、冷门学科代有传承,打造具有中国特色和普遍意义的学科体系"。新修订的义务教育课程方案和课程标准强调要坚持核心素养,创新课程组织形式,注重实践育人导向。学科跨界教学,突破了传统学科边界,关注学生核心素养与全面发展,是助推基础教育向"高质量""深融合"迈进的重要举措。①

融合教学是学习认知的必然要求;是学科教学的品质诉求;是全面提升学生综合素质的需要。学科跨界教学需要融合多个知识领域,每一学科都包含了其他学科的潜质,并在自身学科结构中扮演着不可替代的角色。

1. "线上 + 线下"资源的融合与创新

线上、线下融合教育是互联网时代教育发展的产物,它结合了在线学习和传统的线下教学,旨在提供更灵活、个性化和互动的学习体验。在网课期间我校中小学两部在参照市区两级在线教学工作模式的基础上,结合实际教学进度,参照市级"空中课堂"教学资源,发挥教研组、备课组力量制作校本教学资源,确保线上教学与线下教学进度的一致性,确保在线教学内容的适切性;支持鼓励教师探索和创新在线教学方式,组织师生有序开展本校在线互动教学;加强在线家校互动,营造良好的在线教学生态。

2. 历史剧与传统文化的融合与创新

中华优秀传统文化是中华民族的精神命脉,是涵养社会主义核心价值观的重

---

① 汤天勇,孙君怡. 融合·创新·研究:跨界融合教学的实施路径——"名师谈教学:跨界融合与基础教育高质量发展"高峰论坛综述[J]. 黄冈师范学院学报,2023,43(6).

要源泉,也是我们在世界文化激荡中站稳脚跟的坚实根基。要结合新的时代条件传承和弘扬中华优秀传统文化,传承和弘扬中华美学精神。

我校自 2006 年成立"I影视戏剧社团"起,开展系列影视活动和影视教育,融合学校主题活动,让学生走进光影世界,了解优秀人物品行,树立正确的价值观和道德观。学生先导后看,挖掘文化价值。例如,我们组织学生观看电影《风云儿女》,激励学生为祖国的繁荣富强贡献自己的力量。又例如,组织学生观看电影《国歌》,让学生感悟爱国主义的力量,激发学生的家国情怀。开展影视活动,学生喜闻乐见,赓续红色基因。红色文化是中华民族宝贵的精神财富,在观看与红色文化相关的影视作品后,以戏剧表演形式演绎和创新影视作品,能加深理解和传承红色文化。例如,我们根据电影《风云儿女》和《国歌》,组织学生排练戏剧作品,通过自拍自演,体验影视创作的艰辛过程;通过剧本研读,感悟先辈们的无畏精神,培养表演能力和团队合作精神。

(三) 自主性与合作性

我国基础教育过于注重知识和技能的传授,通常采用"填鸭式""死记硬背"等以教师为中心的单向灌输方式,课堂上以教师讲为主,学生发言的次数屈指可数,教师也没有精力和时间让学生自己去探索研究,"满堂灌"和"一言堂"成了传统教育的常态,而且往往冠以"效率高""掌握好""成绩好"等美誉。教师有的为了节省时间,有的害怕学生听不懂,干脆直接告诉学生公式定理或者正确答案,在这种情况下,学生就没有了主动学习、独立思考的机会,学习能力得不到最大化的发展,创造能力也很难发挥出来,没有自己的主见,思维方式僵化。学生对于学习也觉得枯燥、乏味,这对学生的身心健康非常不利。因此,学生学习方式的改变成了课程改革的核心,学生学习方式的变革是基础教育课程改革的重点之一,为了适应新时代的发展需求,实现全面和谐发展,学生需要在学习中将自主学习、合作学习及探究学习结合在一起。

自主学习模式将学生放在主体地位上,充分调动学生主动学习的欲望,使其发挥出潜在的学习动能。它与传统的教师中心教学模式不同,不再依赖教师的直接指导和控制,而是利用创设的学习环境和提供的学习资源来调动学生学习的积极性,使得学生能够养成自主学习的好习惯。学生需要具备自我管理、自我组织、自我调节和自我评价等学习能力,能够根据自己的学习目标和学习风格,制订学习计划、选择学习资源、运用学习策略,并能够独立思考和解决学习遇到的问题。

小组合作学习是一种更有效的学习方式,其基础和原则源于多种教育理论和教学原则,旨在使学生在协作环境中获得更深刻的学习体验。通过小组合作的方式进行写作学习,学生可以更好地认识到合作的重要性,并学会如何与他人合作完成任务。在小组合作中,学生需要学会尊重他人、倾听他人意见、积极参与讨论和共同分享成果等,这些行为有助于培养学生的合作精神。

创设合适的情境,既能丰富教学方式,也能使学生积极地进行自主探究、实践、合作交流等活动,从而有效地改变学生的学习方式。学习方式的转变会引起思维方式、生活方式的改变,学生的自主性、独立性、能动性和创造性将得到真正发展。对于学生来说,面对问题情境,都会有一个解决问题的"过程",这对学生综合素养的发展是有积极意义的。学生的学习过程不仅是一个接受知识过程,而且是一个发现问题、分析问题、解决问题的过程。这个过程既能暴露学生产生的各种疑问、困难、障碍和矛盾,也可以展示学生发展的聪明才智和创新成果,还可能会是学生面临的挫折和失败,但这却是一个人的学习、生存、成长、成熟所必须经历的过程,是一个人能力智慧发展的内在要求。

（四）主题性与开放性

莫里逊倡导的"莫里逊单元教学法"包含着对单元主题的介绍,该方法认为,组织学生掌握统一主题的知识或解决一个问题,有利于提升学生的学习效果。窦桂梅在综合思维的导向下,以主题的方式整合课内外资源,构建了"四位一体"的主题教学体系。主题教学能有效整合学习中知识的单薄、松散、浅层和割裂,能够从场景主题情境中提供解决问题的方法。场景式学习围绕主题收集整理材料,创设教学和德育主题情境,让学生沉浸到现实或非现实情境中,突破时间、地域、人员的限制,提炼主题逻辑,探索实施路径,培养核心素养,让学习内容更加开放多元,聚焦人类、自然和社会等,形成大主题下的多个小主题,贯穿多维联系,形成主题背后的价值导向。

二、场景式学习的理论基础

场景式学习主要是利用移动通信设备(手机等)的优势,在互联网情景下进行学习的一种模式。但是场景式学习远远不只跟互联网有关,它的出现其实是建立在众多的学习理论基础上的。

（一）建构主义学习理论

建构主义学习理论从理论和实践的角度出发,提出转变传统的师生角色,倡导"以学生为中心"的教学模式,教师要创设合适的教学情境并指导学生进行学习,教师应该向学生提供丰富的案例并运用现代教育技术为学生创造一个充满互动的学习环境,帮助学生进行探索和发现,让学生主动搭建新旧知识之间的联系,充分发挥联想和想象的作用。教师创设的教学情境、学校提供的学习环境都是场景式学习的前提,为学习者提供了现场和立场,建构了场景的整体行动过程。建构主义强调学习者基于原有的知识经验生成意义、建构理解的过程,这个过程就是一个流动的场景,这个场景需要在社会文化互动中完成。

(二) 情境学习理论

情境学习理论认为,学习是个体性、社会性、实践性有机统一的参与过程,其中起到中介作用的是差异性资源。学习情境的创设一直致力于将知识的生成结合完整的生活经验,通过适当的学习任务重新还原到真实的状态,此举也力图解决传统学校学习中自我与情境脱节的弊病。情境学习就是个体或群体在真实或虚拟情境中与他人、与环境相互作用,从而提高实践活动能力、社会化水平,这里的情境就是基于真实活动,通过积极建构教学环境而形成的学习场景。

(三) 体验式学习理论

体验式学习是"体验的转换并创造知识的过程",最早由美国凯斯西储大学组织行为学系教授大卫·库伯正式提出,他在自己第一部专著《体验学习让体验成为学习和发展的源泉》中,对体验式学习下了可操作性定义,提出"具体体验—反思观察—抽象概况—主动应用"的循环圈。[①] 所有的学习,都需要经历体验,方能获得真实、权威的感受。生活中我们在决定某事之前,总是希望自己先体验一番,然后再做决定。体验式学习就是沉浸到场景中,调动多感官,发挥自己的判断,感受自己的感悟,加深记忆和理解,这样的学习才能达到深度,领悟的道理

---

① (美)库伯.体验学习——让体验成为学习和发展的源泉[M].王灿明,朱水萍,等,译.上海:华东师范大学出版社,2008.

才能用于实践。

三、场景式学习的实践成效

心理学家布鲁姆等人将认知领域的目标分为知识、领会、运用、分析、综合、评价六个层次。随着课堂教学信息的多元化发展,学生接受知识和信息的模式已经发生了很大的改变,课堂教学已经不再是简单的知识传授,取而代之的是学生对知识探索和吸收的过程,于是课堂教学中,情境的利用就越来越多,其不仅丰富了教学资源,同时也为学生的学习提供了帮助。

在教学过程中,学生是学习的行为主体,教师的教学活动最终要落实在学生的学习上。学生的学习过程是一个循序渐进的过程,在这个过程中,教师要利用学生已有的生活经验,创设充满活力的课堂教学情境,激发学生的学习兴趣,引导学生体验、感悟学习的快乐。在学习过程中,学生通过对学习情境所提出的问题质疑,并通过充满想象的思维活动不断地体验学习过程的快乐。

合理地利用各种场景,不仅有助于学生的认知能力增强,同时也能充分地体现科学教育与人文教育的融合。在课堂教学的实践过程中,学生通过对情境直观的感受、认识和思维的活动,促进智力、创造力、想象力的良好发展,激发浓厚的学习兴趣,开阔视野,从而在很大程度上提高课堂教学的有效性。

创设场景可以把抽象的问题具体化、形象化、趣味化,从而激发学生的学习欲望和探究问题的激情,为学生发现问题和探究问题创造条件。

总而言之,场景式学习能让学生充分体验,运用课内所学知识浸润生活,让学生对本来空洞的概念有虚拟而切身的体会,反过来又从生活中获得体验,验证概念。

第四节　弹性化作业：实现差异发展

　　作业是教育教学活动的重要内容，旨在反馈诊断学生的学习状况，全面了解学生对知识的掌握程度，发现学生在学习中存在的问题，为教师提供充足的教学信息，以便更好地改进教学、优化课堂，为学生提供针对性帮扶，从而全面提高教育教学质量。

一、弹性化作业的必要性

　　《义务教育语文课程标准(2022年版)》指出："义务教育语文课程实施从学生语文生活实际出发，创设丰富多样的学习情境，设计富有挑战性的学习任务，激发学生的好奇心、想象力、求知欲，促进学生自主、合作、探究学习"。因此，教师设计和布置作业应该弹性要求，避免机械划一，应针对学生的个体差异，力争让每个学生在适合自己的作业中都取得成功，获得轻松、愉快、满足的心理体验。

　　"五项管理"背景下，把握作业育人功能。遵循教育规律、坚持因材施教，严格执行课程标准和教学计划。在课堂教学提质增效的基础上，切实发挥好作业的育人功能，布置科学、合理、有效的作业，帮助学生巩固知识、形成能力、培养习惯，帮助教师检测教学效果、精准分析学情、改进教学方法，促进学校完善教学管理、开展科学评价、提高教育质量。

二、作业设计的原则及弹性作业的设计

1. 九年一贯制的序列性

"双减"是减轻学生作业负担和规范学生课外培训的一项政策,这项策略意味着学生的学业负担减轻,但也可能导致学生在学校以外的时间里缺乏有效的学习指导和练习机会。因此,设计合理的弹性作业对于学生的学习和素养发展都至关重要。我校是九年一贯制学校,学校确保小学一、二年级不布置书面家庭作业,小学其他年级每天书面作业完成时间平均不超过 60 分钟,初中学生书面家庭作业每天不得超过 90 分钟。周末、寒暑假、法定节假日也要控制书面作业时间总量。教师要充分利用课堂教学时间和课后服务时间加强学生的作业指导,培养学生自主学习和时间管理的能力,指导小学生基本在校内完成书面作业,初中学生在校内完成大部分书面作业。

2. 基于学情的突破性

我校是一所普通的公办学校,家长、学生的文化层次、思维水平参差不齐,每个学期学校都会接受上级行政部门关于"作业"的调查问卷,有家长认为学校作业太多,给孩子造成压力,有家长认为作业太少,孩子缺乏自主性,自由散漫,难以管理。不同教育理念的家长、不同思维程度的学生对教师的教学提出了更高要求。教师势必要提高自主设计作业能力,根据实际学情,精选作业内容,合理确定作业数量,作业难度既不得超过国家课程标准要求,与备课、上课、辅导、评价等教学环节保持一致,又要满足班级甚至年级尽量多学生的需求。因此,备课组教师要加强对学校作业设计与实施的研究与指导,结合学生差异,让作业更具层次性。尤其是注重作业的难易度,弹性化的作业能适当降低学习能力一般的学生的学习难

度,也能给学习能力强的学生提供更大的进步空间,这更符合学生的学习需求。为了实现此作业设计目的,教师应通过多种渠道,全面了解本班级学生在学习方面的情况,在结合学生差异的前提下,设计多层次的作业,让不同水平的学生通过相对应的作业都能得到知识的巩固与提高,实现划分作业层次性的价值。

3. 基于生活实际的应用性

在人们的生活实际中,处处有课堂教学的影子,生活与学习分离不开,结合生活设计作业,能更好地发展学生的语言能力、计算能力,真正实现学生课堂学习的衍生。因此,让作业更具有应用性非常重要。为了实现此作业设计目的,教师应将课堂所讲知识与学生的生活实际联系起来,合理设计应用类型的作业,引导学生在做作业的过程中,从自己生活的角度出发,结合课堂知识去分析与探究问题,使学生通过应用类型的作业既能巩固课堂知识,又能锻炼实际应用能力。

三、创新作业类型

我校根据学段、学科特点及学生实际需要和完成能力,合理布置书面作业、科学探究、体育锻炼、艺术欣赏、社会与劳动实践等不同类型的作业。布置分层作业、弹性作业和个性化作业,科学设计探究性作业和实践性作业,探索跨学科综合性作业。切实避免机械、无效训练,绝不布置重复性、惩罚性作业。

教师设计弹性化、个性化作业,能消除学生对作业的乏味感,还能丰富作业评价的内容,使学生了解自己对课上所学知识的掌握程度,加强其对课堂学习的重视。教师指导学生有序完成作业,不仅能促进学生学以致用能力的提升,而且可以根据学生的作业完成情况进行科学点评,由此拓宽作业评价渠道。

我校依托“三个助手”不仅改进了课堂教学,也促进了对学生评价方式的改变：依托"三个助手"更加体现评价的实时性、精准性、科学性。教师可以通过对统计评价数据的分析，及时了解学生的作业完成情况、完成时间及练习的正确率，及时定位错题，对学生进行个别指导，从而实现因材施教。

教师利用"晓管家"等小程序点对点或针对某一群体布置线上作业，运用语音留言的方式展开评价。学生通过回放教师的个性化的评价语音，能够充分了解自己作业中存在的问题，也能够及时反馈自己遇到的问题，从而尽快修复自己的问题。

总的来说，弹性化作业必须建立在了解学生、了解学生的学习需求的基础之上，既要用作业这种形式引导学生的学习方式向自主、合作、探究方向发展，也要尊重学生个体，帮助学习力不足的学生在学习中认识到自身价值，从而树立信心。

第 四 章

温暖人性：在灵魂拐弯的地方

　　人性作为人的本质属性，是构成教育实践活动的重要前提。教育过程既要满足人性的需求，又要生成与改善人性，最终期待的不仅是在实践活动中力图去超越生存境遇，努力创造更好生活的人，而且是不断去探寻人的存在价值、意义、理想和目的，寻找精神超越的人。真正的教育应当是为"人"的教育，应该是温暖人性的。有这份温情在心，就有一份责任在身，它将伸展入学生的心灵，越来越贴近学生的成长，让学生在询问、发现、欣赏的过程中获得自我教育与自我完善。

学校作为立德树人的关键主体,如何实施温暖人性的教育,如何让教育温和而坚定? 思及此,学校在"有恒"办学理念的引领下,从行为习惯教育系统化、综合实践活动校本化、劳动教育特色化、"育慧家坊"项目建设和"五心导师"服务体系构建五个维度创新学校德育工作,促使校园中的每个师生自觉成为美好生活的体验者、真善美的追求者、社会进步的建设者、和谐社会的促进者。

第一节　每个生命涌动着伟大的力量

　　习惯是下意识行动的特定模式、隐性力量,它往往深嵌大脑底层,以微妙的方式发挥巨大作用,甚至可以将理性和情感排除在外。乔布斯曾经说过:"在生命最初的 30 年中,你造就了你的习惯;而在生命最后 30 年中你的习惯造就了你。"①这句话是有道理的,成功的秘诀在于生活的点滴,在于平时养成的习惯。

　　培养良好习惯是学校教育的重要环节。培养尊重的习惯,成就有爱的人生;培养阅读的习惯,成就智慧的人生;培养运动的习惯,成就健康的人生;培养审美的习惯,成就美好的生活;培养劳动的习惯,成就幸福的人生……好习惯的养成是

---

① 闫峰.乔布斯和他的苹果[M].长春:吉林出版集团有限责任公司,2014.

一件久久为功的任务。

一、习惯是生命的一种属性

人类的自我就是从习惯中产生的。自我是由一种特定的、相对稳定而持久的习惯所构成的动态结构。它是一个庞大的体系，它像一棵大树一样，有干、有枝、有叶。它可以是我们学习方面的、健康方面的，也可以是感情方面的、与人相处方面的，还可以是思维方式、行为方式。

良好习惯与不良习惯的根本区别在于：一个是在有意识的训练中逐步形成的；一个是在无意识的放任中自发形成的。杜威认为可以通过改变环境条件使性格由坏变好，通过明智地选择以及权衡所关注的事物与影响欲望满足的事物而间接地改变习惯。例如，文明行走的习惯，需要有适宜的环境，需要有信号灯、枢纽站、交通管理机构等，如果没有环境，即便是有好的主观臆想，文明行走也无法实现。

因此，我校坚持"总目标　分年级　长效益"习惯养成教育实践探索，着力于行规教育回归自然，走"细、小、实、特"之路，进而逐步进阶到"五环四扣"班级免检品牌创建。基于国家政策、法规文件要求，根据学校办学理念和学生成长规律，以"培养具有恒志、恒学、恒心、恒美的青少年"为育人目标，每学年每学期学校确立一个习惯养成大目标，分三学段（1—3年级为低学段、4—6年级为中学段、7—9年级为高学段）从自理锻炼、热爱劳动、悦纳生活、集体意识、自律养成、青春理想、肩负责任、爱党爱国等多角度育心育人。这种贴近学生、贴近时代、贴近生活的习惯养成过程，能够促进社会意识向个体意识的转化，让文明素养内化于心、外化于行。

总而言之，当我们明白习惯对我们人生和命运的重要性后，就要提前对准备培养的习惯做统筹安排，这样可以分清主次，明确先后，然后有步骤地去实施，就会更有成效。

二、习惯是富有内涵的实体

习惯是以一定社群范围内的行为为基础产生的，具有共同性和普遍性。它反映了社会共同的行为规范和价值观念，代表了特定社会群体的共同利益和文化传统。在校园内，它是师生共同的行为准则，是一种看得见的教育实践。例如：初中阶段的学生正处于青春敏感期，以顽强的意志力保持良好心态，是培养健康心态与良好行为习惯的重要因素。让学生在面对挫折、矛盾的过程中产生是非对错的判断能力，这是教师在教育活动中的重要责任，可以通过情境创设、案例分享、辩论赛等校本实践来实现。

学校习惯养成教育要课程化、系统化，要对学生良好习惯的培养内容、培养途径等做出可行性实施方案。以"文明礼仪"为例，低学段列出 7 个要点：按时起床，按时上学；主动向老师、长辈问好，与同学打招呼；上下楼梯靠右行走；坐立走有精神，姿势正确；升降国旗要肃立，行注目礼；垃圾分类要做好；未经同意，不动他人物品。中学段对应列出 6 个要点：过马路走斑马线，不闯红灯；爱护公共物品，用好物品放回原位；耐心倾听，不随意打断别人说话；公共场合轻声说话，不追逐打闹；保持校园、教室的环境卫生；自觉遵守各种规则。高学段则列出 5 个要点：学会宽容，能与他人协调合作，做好自己的工作；与人交往，主动使用文明礼貌用语；当别人遇到困难时主动帮助；接打电话时会使用礼貌用语；做了错事勇于承认。为促进课程实施，我们还设计了行规课程读本，明确"应该怎么做 + 坚持这么做"，落实课程目标。

校本化指标体系是进行校本课程实践的重要保障,主要依据对合格公民的培养标准,提出关于学生习惯培养的指标体系,包含以下几部分。(1)一级指标,共包含 5 个良好规范,涵盖了"礼仪、学习、活动"等方面内容。(2)二级指标,对一级指标做出明确界定,比如对"卫生行为"进行下一步界定,使其被详细划分为"厉行节俭""注重仪表"等指标。(3)三级指标,展现评价要素,根据学校实际情况对指标做出细化。比如获得"行规之星"称号的学生可以佩戴专门的徽章,这代表学校对学生的肯定;再比如获得"行规示金座班"称号的班级可以在教室的门口挂上奖章标识,潜移默化提升学生的集体荣誉感,使其自觉维护班级荣誉。

总之,校本课程的构建,将良好习惯的培养深入贯穿于学生的学习活动与日常生活中,让潜移默化的习惯培养有章可循。

三、习惯是一个有向的矢量

心理学研究表明,习惯可以通过自觉的自我调适和积极的实践来改变,可以用持之以恒的自我提醒来更新。这决定了学生习惯的培养方式有必要严格遵循"知行合一"的原则,让学生意识到什么样的习惯是好习惯,以及培养良好习惯的重要意义,这对于激发学生的主动性有着一定帮助。以此为前提,引导学生参加实践活动,使其在实践中得到历练,实现良好精神的内化于心,完成生命个体的矢量发展。

丰富多彩的主题活动可以很大程度提高学生的参与兴趣,让学生全身心地投入学校活动中,为习惯的养成奠定良好的基础。我校举办艺术节、嘉年华、运动会、科技节等活动,拥有较强的教育功能,从教育活动的组织与实施等方面入手,将习惯养成融入其间。例如为学生设置集体类活动项目,让他们勇于承担责任,懂得与他人合作的意义,形成团队意识和合作精神。活动期间,所有项目都是学生主动参与的,教师多启发、少干预,有利于培养学生守规则和讲秩序的良好习惯。

关于操作手段,有必要坚持"循序渐进"的原则,让学生的习惯养成从最初的被动养成转为自觉建构。我校通过每学年"五环四扣"班级免检活动,加强学生的行为训练,设立 12 个有梯度层次的免检项目,制定 9 条实施细则,辅以《班级文明修身指南》,不断推进行规免检项目具体化、学生自主管理制度化、班级行规免检常态化,持续关注和优化学生习惯形成的过程。

总之,学生习惯养成教育是一个系统化过程,而青少年时期是学生接受良好道德品质的最佳时期。叶圣陶先生说:"好习惯养成了,一辈子受用;坏习惯养成了,一辈子吃它的亏,想改也不容易。"[1]我们认为,行规教育可以塑造良好的行为习惯,行规教育与学生的自主成长有密切关系。只要注重通过合理的路径设计激发学生的自主心态,提升学生的自主能力,就能让学生真正成为自我行为规范养成的主体,焕发伟大的生命力量。

第二节　寻找最适合自己的生活方式

生活是每一个人的生活,内蕴着每一个人的感受,在一定意义上与别人无

---

① 刘国正.叶圣陶教育文集 第三卷[M].北京:人民教育出版社,1994.

关。有人说："适合自己的生活才是美好而诗意的。"的确,人生路上,我们可能会遭遇风霜雨雪,但是我们依然"累并快乐着",努力地寻找一条属于自己的路。

美国的精神分析学家 E·H·Erikson 认为人在青少年时期(12—20 岁)很容易遇到自我同一性混乱的危机,即生理上的成熟总是破坏着本我、自我和超我的平衡,同时社会的冲突和要求变得困扰和混乱。青少年必须通过积极的探求、亲身的体验来获得自我同一感,防止同一性混乱。学校教育有必要开发校本特色的综合实践活动课程,引导学生在认识自我、分析环境、确立目标、制定策略以及反馈调整五个环节的循环与更替中,完成自我的成长与发展。①

一、综合实践活动课程是一种育人载体

培养什么人、怎样培养人、为谁培养人,是基础教育的根本问题,也是新时代落实立德树人根本任务、推进综合实践活动课程的基本方向。作为一门立足学生的直接经验、回归学生的生活世界、关注学生的亲身实践的课程形态,综合实践活动课程是学校育人的重要载体和有效方式。

综合实践活动课程与爱党爱国教育、校园主题活动、研学旅行、传统文化教育、红色文化教育等相融合,呈现出高度的灵活性、整合性和参与度,给予学生更多探索世界、接触社会的机会,激发他们的学习兴趣,引导他们将外在的知识内化为珍贵的能力和品格。

---

① 喻瑶.青少年生涯规划教育的探索与实践[J].理论月刊,2011(11).

以学校"Ⅰ戏剧社团"为例,在纪念中国左翼作家联盟成立 93 周年之际,学校戏剧社团伍韵老师带领所有成员,在中国左翼作家联盟成立大会会址纪念馆公开上了一堂"声影致敬 左联风华——与'大先生'对话"研修课。课堂上,伍老师从电影语言出发,着重对比了文本表达与镜头表达的异同,当场引导学生完成了《前哨》选段的电影分镜头描写……显然,综合实践活动课程打破了以学科知识为核心的课程组织逻辑,将学生的自我体验、自我探索与自我创造作为价值取向,凸显了强烈的整合性、生成性和开放性。

总之,在新时代背景下,构建具有学校特色的综合实践活动课程育人新体系,将丰富并拓展学校育人的渠道,促进学校育人研究的发展,实现思想引领、价值引领、活动育人的目标。

二、综合实践活动课程是一种外延行动

综合实践活动课程是基础教育课程体系的重要组成部分,丰富了基础教育课程体系的内涵,拓展了其外延。综合实践活动课程是在教师指导下,学生自主进行的综合性学习活动;是一门基于学生的经验,密切联系学生的自身生活和社会实际,体现对知识的综合应用的实践性课程。

以校园嘉年华为例。一要确定活动主题。确定活动主题前,需要考虑多个因素,如学科核心素养、实践地点的现实情况、实际学情,尤其要结合学生的心理特点、实际生活,以及他们在知识、能力、素养等方面的情况,努力激发学生的探究兴趣与学习欲望。二是制定具体方案。学校围绕该主题设计综合实践活动的具体方案,包括选题背景、活动目的、活动过程、活动任务、活动评价及活动常规要求等诸项内容。三是组织实施方案。在实践活动开始前,需要组织学生开展行前推介

会,让学生对综合实践活动建立整体认知,并指导学生自主选题,明确所属组别与实践任务。在实践探究过程中,教师是指导者,需要及时关注学生的实践进度,给他们提供必要的指导,确保他们根据小组分工完成探究任务;教师也是观察者,不仅要随时关注学生的动态,观察他们在实践活动中的表现,还要时刻关注环境情况等,确保学生有序进行实践;教师还是记录者,要认真做好记录工作,为改进与完善下一次实践活动做积累;教师更是危机处理者,面对活动中随时出现的紧急情况,教师要第一时间妥善处理,做好危机应对。在学生实践活动结束后,教师还要及时组织学生对实践中收集的资料进行整理与分析,充分听取学生的想法,指导他们撰写实践活动报告,并组织学生开展成果汇报。而最后的总结反思,可以采用问卷调查、访谈及课堂观察等多种方式,对参与活动的学生、教师、家长、专家等开展多元评估,强化目标导向和问题导向,继续发扬优点,及时调整不足及劣势,增强综合实践活动课程的目的性和教育性。

学校要立足自身特色、发展规划、周边的特色文化和独特的课程资源,建构具有校本化特色的综合实践活动课程体系。要遵循教育教学规律和学生身心发展规律,按照学生年龄特点和学段特点,合理选择活动内容和类型,引导学生结合和运用所学知识从生活和社会中发现问题,亲力亲为,鼓励基于问题、基于项目、基于数据的创造性、研究性、探索性、体验性实践。

总之,综合实践活动课程不仅要探究事实和规律,更要注重研究目的、研究过程、研究手段的价值关怀和伦理关照。强调学生在事实研究的基础上挖掘自己的智慧,展现自己的认识,表达自己的创意与遐想;更要让学生在亲身体验中养成善待自然、善待生命的德行。①

---

① 钟启泉.课程的逻辑[M].上海:华东师范大学出版社,2019.

三、综合实践活动课程需具备多样性和进阶性

学校根据综合实践活动课程的自身特点和学校特色，实施多样化分类主题设计，并根据不同年级学生的需求，采取多渠道、多方式、多层次进阶推进，综合构建课程育人体系。

我们把研究性、综合性、实践性思想理念渗透到学生的日常生活、学习生活、社会生活各方面，融入思想品德教育、科学文化教育、社会实践教育全过程，融合到学科学习、校园活动、社团探究以及创新活动等任务中去。以学校"落实指南五育并举"综合实践活动课程为例，课程的类型大致分为两类：常规类主题和特色类主题。常规类主题，夯实课程内容，主要有志愿服务、职业体验、国防民防、考察探究等项目，落实综合育人功能。特色类主题，延伸课程内容，把优秀传统文化、节庆民俗文化、地方研学文化、团队议事文化等重要内容融入其中，形成综合创新的文化课程体系。

综合实践活动课程的标准就是体认和践行，这是可供学生攀登的"阶梯"。以学校"生命健康一体化"项目为例，就健康观念来说，我们可以把它的内涵界定为：人的生理、心智、情绪、社交等方面处于良好状态。但我们不能直接告诉学生什么是健康观念，而是要通过综合实践活动课程使健康观念活动化。我们可以把健康观念的活动化梳理成三个方面：健康问题探究、个人健康管理、健康互助行动。第一阶——尝试新事物；第二阶——感知新事物；第三阶——发现问题的规律；第四阶——识别导致不健康想法和行为的触发因素；第五阶——设计个人计划，落实策略与习惯；第六阶——检测整体健康状况，建立关系支持圈。这个项目的关键是方法论的转换，不是试图通过概念去规定观念，而是从当事人而非旁观者的角

度思考，置身于问题解决情境之中，把学生解决问题所要经历的必要行动和期待的结果描述出来，完成实践体验当中的自主建构。

综合实践活动课程以生活问题为导向，要求学生按照自身愿望分析和解决现实问题，在开放性的实践中转识成智、创造生成。它绝不是单纯"教"学生如何参与活动，而是注重让学生在行动与结果、自我与社会之间建立联系，跨越传统知识技能体系，助推他们走上"人生跑道"，让他们学会走、学会跑、学会飞。

综上所述，教育的主题只有一个，那就是五彩缤纷的生活。生活世界往往是直观的、周而复始的，同时也是活泼的、不确定的。我们要做的就是引导学生学会生活，让他们经历问题的发现、分析和解决，经历规则的生成、遵守和改变，不能停留于认识世界、认识自我，更多的是改变世界、改变自己，寻找自己的使命担当。

第三节　用实践改造自己的知识世界

一、劳动是一种道德风尚

勤于劳动是中华民族漫长历史中培育出的崇高品德，亦是不断扩大物质产出的内在要求。中华文明之所以能够持久传承，实质上归因于中华儿女的坚韧不拔、奋发向前的杰出品格。从中华优秀传统文化中汲取劳动教育的智慧，对新时代推进劳动教育具有重要指导意义。

在新时代背景下，国家教育方针政策也反复强调"坚持尊重劳动""在全社会弘扬劳动精神"，具有鲜明的思想性、突出的社会性、显著的实践性，更深层地反映了中华民族的价值取向和道德风尚。

我校建立全面的劳动教育保障体系,确保国家教育方针政策的有效实施,形成"劳动创造美好"的校园风尚,使劳动精神内化于心、外化于行。首先,完善分类分层的管理机制。我校成立劳动教育工作领导小组,定期研讨制定劳动教育实施方案和推进活动。执行前,制定科学、具体、可操作的实施要求和步骤;实施中,做好协调和帮助,关注过程监控,随机抽样访谈,依据反馈信息及时灵活地调整;实施后,注重材料收集,建立劳动档案,进行科学评价,发挥评价的反馈改进功能。其次,建立学校、家庭、社会合力育"劳"机制。立体化、全方位的劳动队伍建设是劳动教育的前提。以"外引内培"作为扩充劳动教育资源、培养劳动教育指导老师的建设思路;以学校、社会联动,专家团队领航,家长资源助力为途径,努力打造"1+N"的师资团队模式。第三,校内外丰富的劳动场域是劳动教育实施的基本保障。我校挖掘校内场所,开辟劳动专用教室、班级责任田等,为学生校内劳动实践提供劳动场域;还与江浦路街道、长海医院等进行良好沟通,精心挑选适合学生进行课后劳动实践的场所,确定多个校外劳动基地,满足学生课后多样化的劳动实践需要。

我校还发挥劳模榜样作用,弘扬新时代劳动精神。通过演讲、广播、板报等多种形式将劳模榜样故事融入学校教育教学中,以先进事迹感动学生,以崇高精神感染学生,以实践动力激励学生,使学生在耳濡目染中形成正确的劳动价值观。以我校"劳模进校园"活动为例,我校邀请劳动模范走进课堂现身说法,将劳动教育与思想品德教育、专业教育、课外实践活动等结合起来,共育学生成长。

总之,劳动教育应紧扣立德树人的时代主旋律,学校应全面挖掘劳动教育的价值内涵,弘扬中华民族勤劳的优秀传统美德,促进人与自然和谐共生的持续发展,协调校内成员稳定良好的人际关系。同时学校应加强劳模精神教育,让"爱岗敬业、艰苦奋斗、勇于创新、甘于奉献"的劳模精神激励和引导学生,实现他们自由而全面的发展。

二、劳动是一种智慧创造

劳动作为生活的常态,是人们改造认知世界的过程,是人类特有的实践活动。但是,受社会文化认知偏差和新兴文化中消极懈怠思想的影响,学生在劳动价值取向方面存在一些问题,主要是逃避体力劳动、劳动意识片面等。

劳动教育作为引导学生树立正确劳动态度和提升学生的劳动能力的重要途径,需要依靠课程支持提升劳动教育质量。这也意味着需要明确教育对象,区分各学段劳动教育的目标和任务,紧跟时代发展步伐,通过不同的途径和方法进行教育,充分发挥树德、增智、强体、育美的综合育人价值。

我校架构科学适切的课程体系,有机融合日常生活劳动、生产劳动、服务性劳动三种劳动类型,构建节日主题、生活技能、设计制作、志愿服务、职业体验五大项目单元,以跨学科主题实践、劳动技能竞赛、学校传统活动或特色活动等学生广泛欢迎的形式为抓手,形成"九环成长　劳动恒美"课程内容体系。

我校以多种路径落实课程内容的实施。一是常规课程融合丰富活动,引导学生发现劳动美。围绕《义务教育劳动课程标准(2022年版)》课程目标,我校分年级制定了"三大类十大任务群",使劳动课程的具体实践在科学理性的轨道上逐步推进。每学年以年级为单位,每月开展劳动教育专题教研活动,提前制定每周劳动课程内容,明确劳动时间的安排,选择恰当的劳动内容,加强劳动方式的多元设计,如个人劳动、集体劳动、分工合作等,让学生在不同的劳动方式中体验不同的乐趣。二是劳动竞技联合生活实际,激励学生创造劳动美。为了帮助学生掌握其所需的劳动知识与技能,培养他们追求高品质生活的能力,学校不断丰富劳动实践育人大平台。通过"校园一技"、劳动大比拼等活动,引导学生在真实情境中手脑并用;通过开设"学会整理冰箱""垃圾分类"等劳动微课,引导学生参与生活中的劳动;通过开展"陪父母上一天班""今天我当家"等亲子活动,创造家庭成员共同劳动的机会,达到"亲子共成长"的目的;通过开发"自家三分地"家庭劳动小基地,利用家庭角落,种植小葱、番茄等易种养生物,引导学生定期展示"自家三分地"的劳动过程和感受,体验田园生活的自然与收获的不易,从而激发珍惜生活、热爱生活的情感。

总之,我校遵循"生活即教育"原则,精心打造多样化、系列化的劳动教育课程,提供给学生更多劳动实践的机会,将理论知识教学、实践教学与实施劳动教育相结合,促使学生体悟"劳动创造美好生活"的理念,引导学生养成乐观向上、热爱生活的劳动情怀,达到以劳树德、以劳增智、以劳强技、以劳育美的育人成效。

三、劳动教育需要知行合一

有人认为"学生只有通过亲身参加实践活动收获成果,才能获得最有意义的知识"。实施劳动教育重点是在系统的文化知识学习之外,有目的、有计划地组织学生参加日常生活劳动、生产劳动和服务性劳动,最终让学生升华自己的知识世界。

新时代劳动教育以培养学生形成正确的劳动意识、劳动习惯,提高劳动素养等为主要内容,突出育人属性,注重个体存在性,最终目的就是要引导学生知行合一,让学生在劳动实践中锻炼能力、提升技能、改造已知,在实际生活中成为辛勤劳动、诚实劳动和创造性劳动的践行者。

我校"岐黄百草轩"劳动教育品牌,就是课堂学习与实践结合的范例。我们以市级劳动教育立项课题《"小神农本草园"劳动项目实践的探索与研究》为引领,因地制宜地深入探索校内外劳动教育实践基地建设,延展课堂学习途径,以中医药为媒介,打造"一园一室一课程"。学校开发"小神农中医药文化探寻"劳动教育特色课程,基于"五育融合"的育人思维,整合学科、学段、校园实践,依托校家社联合体,开发三大类20个课程;校内建立"一园一室",即"小神农本草园"和"本草体验室",让学生在实践体验中知行合一,育人模式实现从课堂育人走向开放育人,从知识育人走向实践育人;探索"小神农中医药文化探寻"劳动教育特色课程学生评价策略,形成"三经五维"的课程评价思路,将校本特色章"五育知宝"融入其间,关注学生在劳动实践中的丰富经历,充分发挥评价的育人、激励和改进的功能。

总而言之,劳动教育的关键在于真劳动、真思考、真改造。我们要大胆放手,让学生在实践中去验证他们的认知。以丰厚的劳动教育资源为依托,引导学生走进大自然,走进生活,走进各类劳动实践场地,让他们出力流汗,磨炼意志,勤于思考,亲身体验劳动的艰辛,感受劳动的快乐,收获劳动的幸福。

第四节　给孩子撑起一片温暖的天空

学生的成长既需要学校教育和家庭教育的独立价值的发挥,也需要二者的有机协同联动,以便为学生成长提供一种完整的生态支持。学校家庭社会协同育人在理论意涵上是立足"孩子们成长得更好",致力于打造一种日常德育生活形态;而在实施路径上要通过抓住共同目标领航、科学方法支撑和典型模式借鉴等关键点位,以确保、彰显和展示协同育人的持久性、科学性和操作性。[①]

因此,如何针对本校学生的成长特点和身心发展需要,搭建校家协同育人的实践载体,是推动校家协同育人效能有效发挥的根本问题。我校以"育慧家坊"项目建设为载体,逐步形成基于学生发展需求的校家协同育人的暖心模式,共同助力孩子成长。

一、校家协同是一种责任

社会经济的快速发展和人们生活条件的富裕,使相当数量家庭中的教育投资逐年增加,使青少年在成长过程中有了优良的基础和坚实的保障。但不可避免的,教育理念与教育投资不成正比提升,出现了很多新时代的新问题,如重养轻教,因而,校家协同育人机制的实施迫在眉睫。

健全学校家庭育人机制是新时代教育改革的重要内容。只有学校、家庭合力聚焦促进学生全面健康成长这一核心愿景,形成相互支持、相互促进的良性互动,才能为实施素质教育创造良好的学校生态和家庭氛围,推动教育的高质量发展。为此,学校有责任顺势而为,积极行动,谋求突破。

我们以"育人"为根本,有目的地推进共育理念。我校以全员导师制工作为抓手,通过家长沙龙、校家社联席会议、问卷调查等方式,深入摸排家长面临的真问题、真困难,共同探索家校共育的交集点,如帮助家长释放焦虑情绪、寻找同龄人的共鸣等,努力破除"抢跑文化""剧场效应"等功利思想,引导家长理性确定孩子的成长预期,为孩子的健康成长营造良好环境。

----

① 郗厚军.学校家庭社会协同育人:性质指向、理论意涵及关键点位[J].东北师大学报(哲学社会科学版),2022(3).

总之，人是教育的原点，也是教育的归宿，学校建构校家联动的协同育人体系，最根本的是要围绕立德树人的根本任务，凸显校家协同的育人价值，服务学生成长成才，这是学校家庭共同的责任。

二、校家协同是一种支持

　　有效的校家协同育人，需要发挥学校教育和家庭教育两大主体的积极性。目前校家协同中存在的最核心问题是家长缺乏有效的家庭教育理念方法，学校缺乏有效的家长参与治理事务的路径。因此，要完善和提升校家协同育人的体系和效能，最重要的是从家庭教育指导入手，优化家长的教育理念，拓展家长参与学校教育的实践路径。

　　我校以"家长建设"为主线，有计划地构建家长学校课程。以"好父母讲堂"为主题，开设多样化、系列化的家长课堂，其中有分年级家长课堂、专题家长课堂、微型家长课堂等，从大到小，从全体到个人，以不同规模和形式的课堂来满足家长们的需求。例如：每学期开学，"学生未进校，家长先开学"，引导家长走进家长学校，聆听"好父母讲堂"，享受自选式丰富有益的课程。据不完全统计，已经开设的有："家的味道""爱眼护眼""这样的温度刚刚好""莫让网事不堪回首"等。每期课程内容从学生中来，到家长中去，源于生而惠于生，因需而生，因需而选，满足不同阶段水平和年龄差异的家长需求。

　　我校以"工作坊"为平台，形成家长志愿者队伍支持。我校注重开发校家共建资源，建设以家长代表为主体的校外辅导员队伍。如2023届五(2)班潘同学的爸爸作为我校第一批校外辅导员，带领消防救援人员和设备进校宣传，演示消防知识；协助检查学校消防设施与逃生通道，参与学校逃生演练并点评；共同探讨校园整体消防安全布局，为学校管理出谋划策。我校还将家长请进学校、走上讲台，让家长成为学校最为丰富的校外教育资源库,为家校共育注入活力。例如学校"童心看世界 艺起向未来"校园嘉年华活动,由一个班级自行确认表演一个国家,聘任多位导师(家长代表＋学科老师等组合),融合人文、艺术、体育、地理等多学科或家长特长,设计多样化体验探究活动。实质是以学生问题推动校家行动,以教师思考引领学生实践,以家长资源辅助学生成长,让学生、教师、家长一起走进项目化学习,让校家联动变得有价值。

因此,校家协同育人需要相应的实践机制和运行抓手,从"工作坊"的理念出发,我们认为"问题导向 群体联动 实践学习"是有效提升家长家庭教育理念,促进校家协同育人的有效支撑。

三、校家协同需要建设和维护

工作坊最早源于德国以培养工程设计师和建筑设计师为宗旨的包豪斯学院,在该学院的人才培养过程中,学生受两个方面的导师的指导:理论导师主要负责传授理论知识,实践导师则在工作坊的场景中传授实践知识。我校"育慧家坊"借鉴工作坊的内涵特点,以家庭教育和校家协同中的实践问题为基础,通过集体学习和团队发展的方式,倡导通过家长家庭教育实践能力的提升更好地发挥校家协同育人的价值,是为提升校家协同育人效能的工作机制而设计的。

我们用有效的制度做好常态化建设。我校制定《三级家长委员会建设制度》和《三级家长委员会工作章程》,每学期定期召开家长委员会会议,开展家长问卷、统计数据、调研问题等,以开放的心态与胸怀来面对家长的提议,力求达成"沟通、理解、互动、育人"的指导宗旨。建立《家长学校规章制度》,通过"校本培训""专家讲座",定期对家长进行系统培训,培训内容涉及亲子关系、青春期教育、心理健康、创建学习型家庭等方面。

我们以"慧"字为引领,有组织地实施校家实践活动。我校以"培养具有恒志、恒学、恒心、恒美的青少年"为育人目标,创新开发"慧生活"校家实践活动。活动场景由校内向校外立体延伸。开设"新生双满月活动""亲子运动会""家长体验日"等,引导家长汲取教育和成长的智慧;利用九年一贯制学校的优势,宣传以"幼小、小初衔接"为主题的校本家庭教育指导手册;利用区生涯教育读本和心理健康教育校本教材,激活家庭教育思路,拓宽家庭教育途径。

我校还根据不同家长的个性化需求,开展家长和学生喜闻乐见的互动活动,如"家庭旅行""亲子劳动""21 天情绪打卡"等高质量亲子陪伴项目,有指导地提升家长参与的育人价值;又如"亲子共游秦皇岛码头""重启红色征程"等有益的社会实践活动,无限拓展育人场所,家校共同完成"5＋2＞7"的成长。我校还打破时空界限,积极开发"享"课程,为家长提供亲子共成长的平台。教师制作公益微课,指导家长观看视频或讲座,建议家长与孩子适切地对话,引导家长实时了解孩子的学习情况与成长轨迹,帮助家长更新家庭教育观念,掌握科学的家庭教育方法。

总之,我校基于学生的发展需求,立足于校家协同育人,统筹多方资源,通过"育慧家坊"项目,形成系统化、高质量的育人机制,推动校家密切配合,构建教育共同体新生态。

第五节　温和而坚定地传递教育力量

一棵树摇动另一棵树,一朵云追逐另一朵云,一个灵魂唤醒另一个灵魂。这改变的过程必然是温和而坚定的。为人师者,开启的是智慧,引领的是思想。这教育的力量必然也是温和而坚定的。

我校积极探索校本"五心导师"服务体系,发挥情感教育的力量,将思想教育与知识传授相结合、课堂教学与实践活动相结合、共性研究与个性教育相结合、制度管理与言传身教相结合,引导学生成长,让教育回归本质,让学生在成长之路上有陪伴者、引领者和知心人。

一、温和而坚定:教育方式的转变

"温和"就是要经常与学生沟通,更多地理解学生,鼓励学生克服困难,不随意批评学生、指责学生,是发自真心的对学生的关心和爱护。"坚定"就是对学生的不妥行为,要敢于管理,要智慧管理,要向学生表明爱憎,激发情感共鸣,还意味着教育要持之以恒、坚持不懈。教师只有深入洞察学生的生活状况、学习表现、家庭情况以及心理变化等,让他们得到充分的关注,并感受到教师的指导和帮助,满足他们学习和发展的需求,才能促使学生树立自信、自强、自律的价值观,引导学生遵守社会规范,培养良好的道德素养。

为此,我校开发"五心导师"服务体系,通过五个着力点(即导师爱心关注,引导学生保持节奏;导师用心课堂,引导学生提高效率;导师细心研究,引导学生管理情绪;导师贴心指导,引导学生关爱家人;导师耐心辅导,引导学生持之以恒),促进师生关系走向和谐。如陶悦飞导师的案例,她将两位性格迥异的学生进行"互助组合":一个男生性格外向、头脑聪明,上课反应迅速,回答问题基本正确,但他最大的问题在于注意力容易分散,导致知识记忆缺失;另一个男生的性格和行为则完全不同,课堂专注度令人称赞,但最大的问题在于他无法运用所学知识来解决实际问题。陶老师通过师生谈心、线上家访等方式,进一步了解学生的兴趣、个性和特长;通过观察课堂表现等实际调查来评估他们的学习表现,与学生一同探讨如何有效地完成学业并关注他们的日常细节;通过提供"伙伴互助"心理支持和指导,培养学生的积极性和良好的学习态度,促进他们完善知识结构和学习方式。当然,导师还会根据学生的不同情况,量身定制指导计划,并承担起协助学生完成学业的责任,成为他们的指导者和朋友。

因此,教师要想真正发挥"传道受业解惑"的作用,就应该在思想上树立全员导师制的理念,充分了解学生的心理特点以及个体差异,根据学生实际情况以及发展需求开展有针对性的个别化指导,从而全面提升学生的综合素质,促进其健康成长。除了日常工作,教师还需要努力提升自身的职业素质,积极探索新的教育思想,积累更多的实践经验,以增强专业知识和技能,为学生的健康成长提供坚实的支撑。

二、温和而坚定:蕴藏着难以想象的力量

每个生命都是独一无二的。不管他是智力发育迟缓的学生、有过错的学生、性格孤立不合群的学生,还是与自己意见不一致的学生,我们都要尊重他们做人的尊严和价值。疾风暴雨式的批评往往不如一句宽容温和的安慰,大张旗鼓的表扬也绝不如坚定的眼神、耐心的倾听。

而"全员导师制"的出发点就是以人为本,满足不同学生的成长需求,使每个学生都能得到充分而富有个性的发展,让教育回归本质,从温暖孩子心灵最微妙的地方开始,用尊重和宽容感染每一个需要呵护的心灵。如赵洁导师的案例中提道:青春期的孩子不可避免地会出现这样那样的心理变化,尤其是敏感

的男女交往问题。作为导师,先要认识到倾听和观察的重要性。很多时候老师的主观经验可能忽视了孩子所需要的关注和理解。出现问题的时候,也不要急于给予建议或者评判,而是要耐心地倾听他们的表达,真正理解他们的需求和困惑。其次,教师要不断学习,与时俱进地升级知识体系;尤其面对情绪相关的心理问题时,教条式的说理和强硬的态度并不能有效地解决问题。解决问题的基础建立在有效的沟通上,而有效的沟通需要建立在尊重和信任的基础上。青少年时期,孩子对于自己的独立性和自主性有了更大的渴望,这是他们成长的自然阶段。此外,建立好家校共育也是一种有效的手段。建议家长避免指责或争吵的方式,而试着采用平等、开放和理性的方式进行交流,让孩子明白他们的感受和意见是被重视和尊重的,这将鼓励他们更加主动地与家长分享内心的情绪和困惑。

教师与学生的每一次对话都是情感的交流、爱意的流动、思想的赋能。积极、正向的语言传递的是尊重、信任、理解和爱,给学生积极的暗示,促进学生自我良性成长;反之,消极的语言释放的是不满、责备、鄙视等负面情绪,带给学生的是尴尬、耻辱、痛苦和创伤。所以,教育是一场漫长的修行,爱而不纵、严而不厉,才能让外在的知识成为学生思想的内核,最终成就生命的精彩。

总之,"五心导师"作为教育管理的新模式,促使校园成为一个能够感知到温暖而又汲取力量、促进成长的关系场域。它的本质就是关爱,是爱催生了教育,也是爱催发了教育的潜力。如果导师的这种爱被学生回馈,导师就会更加强大,积极行为更会被强化,爱的情感与爱的行为将得以不断良性循环。

养鱼贵在养水,养花贵在养土,"养人"贵在温暖人性。尊重差异、发展差异,看到每个人的优点,相信每个人的创造力,积极为他们创设和提供多样化的平台,挖掘每个人的潜能,把他们培养成自尊、自信、自强的人,培养成能生存、能自食其力、对社会有用的人,培养成健康、幸福、快乐的人。当我们真正为孩子的生命成长而教,为他们的内心丰满而教,我们的教育就会焕发生机与活力,我们的教育才真正做到立德树人。

第五章

实践智慧：提升专业洞察力

　　扎实的学识、深刻的洞察，是一名优秀教师的重要能力。这些能力的获得，需要一辈子的工夫。这就是"人民教育家"于漪老师所说的"一辈子做教师，一辈子学做教师"。这一观点深刻揭示了教师专业发展的真谛，那就是做教师，学做教师，用一生的时间守望儿童的成长。在我们学校，教师的实践智慧蕴含在"学""做""恒"的"三字经"里。

扎实的学识、优秀的专业洞察力是一名精神澄澈的教师的重要能力,一名精神澄澈的教师也一定有术业精进、止于至善的理想抱负和价值追求。"一辈子做教师,一辈子学做教师"是"人民教育家"于漪老师一生的追求和写照,也深刻揭示了教师专业化发展的朴素真谛,那就是:做教师,学做教师,用一生的时间守望孩子的成长。成为一名好教师,是从不断地学习开始的,要向书本学、向先辈学、向同行学、向实践学,要持续不断地学,学习是教师的使命与责任。成为一名好教师,关键是勇于实践,要立足课堂、立足学生,践行教改,耕耘不辍,要做研究型的教师,应知脚踏实地的行动是教师成长的捷径。坚守是一名好教师的必备素质,只要持之以恒地学习、实践、再学习、再实践,一定能迎来花开蝶飞的教育春天。从做教师到做好教师,不仅是理想信念的坚定,而且是育人智慧的提升。从学会教到学活教,不仅是躬耕态度的坚守,而且是弘道追求的彰显。教师专业化成长的丰富内涵蕴含在"学""做""恒"这"三字经"里。

第一节　以书为业:教师要有书卷气

　　持续性学习是教师专业发展的内在要求。首先,教师要有积极的学习态度,持有一种追求知识和进步的心态,对学习抱有主动的态度,保持学习的动力,才能不断提升自己的专业素养。其次,需要具备个人自主学习的意识,能主动了解学科前沿知识,通过大量的阅读持续扩充自己的知识面,不断提高自己的教学水平和专业素养。最后,教师还需要具备反思和自我评估的能力,不断反思自己的教学方法和手段,评估自己教学中的不足和问题,找到改进教学的方法,提高自己的教学效果。持续性学习是教师专业发展的必备条件之一,学习的第一步就要读书,它是最重要且最有效的学习方式。

一、教师读书的意义

吃饭解决了人的生理需要,读书则解决了人的文化需求。美国未来学家奈斯比特和日本未来学家池田大作都认为,在高科技时代,生活在信息社会里,读书毫无疑问是人的第一需要,因为它决定你的生活状态与生活质量,只有逃避生活的人,才会逃避读书。对于学者来说,读书的意义和价值就更大了。[①] 教师的天职是"传道受业解惑",学者的天职在于"辨章学术,考镜源流"。教师要教育学生,培养下一代,关乎国家和民族的未来。学者则担负着探索发现、繁荣学术、活跃思想的重任。在我们看来,教师和学者是没有高下之分的。教师应是一名学者,学高者则为师焉,两者身份的叠加是时代发展的要求,更是教师专业化发展的需要。

林语堂先生认为,读书可以"开茅塞,除鄙见,得新知,增学问,广识见,养性灵",读书的意义是使人"较虚心,较通达,不固陋,不偏执"。[②] 教师的职业素养要求教师不断学习。对教师个人道德的主要要求是勤奋学习、为人师表。教师的劳动有两个方面内容,一是作用于主观自身的学习提高,二是作用于客观学生的教

---

① 张艳国. 读书的意义[J]. 学习月刊,2008(1).
② 张琴. 林语堂的读书观[J]. 山西教育学院学报,2001(4).

育劳动。教师勤奋学习是提高教育劳动质量的前提条件,只有勤奋学习,教师才能兼备德、才、学、识,也才有可能把学生培养成全面发展、德才兼备的合格接班人。教师勤奋学习,是对学生和国家负责的道德标志。[①] 由此看来,教师应该通过阅读经典提升自己的德行,通过博览群书拓宽自己的视野,通过持续阅读增长自己的学识才干。唯有这样,才能肩负起教书育人的千钧重任,担当起为党育人、为国育才的重大使命。

首先,书中有理想信念。"心有所信,方能行远。"教师的职责是育人,要做学生奉献祖国的引路人。做好引路人,教师必须有健康的人格,健康人格哪里来?人格底蕴来自理想信念,远大的理想、坚定的信念不是凭空而来的,要从一堆堆的书籍里汲取,从一次次的实践中丰富。因此,教师要读书树立理想,坚定信念,健全人格,为这份职业擦亮自己的人生底色。

其次,书中有道德情操。师德是教师的灵魂,师德态度直接影响学生的身心发展,关系到全民族素质的提升,乃至国家的兴旺。教师要有美好的品德、高尚的情操,要做学生锤炼品格的引路人。读书本身就是一种修养,读书人身上透着美德,读书人的情操带着高尚的钤印。因此,教师要通过读好书、勤实践来锤炼高尚道德情操,为这份职业抹亮自己的生命成色。

再次,书中有扎实学识。毋容置疑,要教好书,一定要有扎实学识。中国向来就有"学高为师"的古训,"学为人师,行为世范"的师道也鲜明指出,深厚学识是好老师的必备素质之一。信息化时代,经济快速发展、社会日益多元、新知识新技能不断涌现,要具备扎实学识,教师就要不断学习,不断读专业书籍,研究教育教学专著,来努力提升学识底蕴,满足学生日益旺盛的求知欲,促进学生的学习发展和

---

① 范树武. 教师应具备的职业素养[J]. 承德师专学报(社会科学版),1989(4).

自身的专业成长,为这份职业拭亮自己的人生本色。

最后,书中有仁爱之心。有哲人说过:"爱是教育的灵魂,没有爱就没有教育。"教师要用爱培育爱、激发爱、传播爱,用真情、真心唤醒心灵、滋润心田。教师应该用温暖和真诚关注每一个学生,用欣赏、信任关爱每一颗心灵。那份真心、真情不是与生俱来的,那种欣赏、信任也不是与生俱来的,需要老师有阅读以后的静思,静思以后的感悟,感悟以后的践行,为这份职业点燃自己的人生亮色。

由此看来,身为教师,必须养成终身学习、读书的习惯。只有不断读书,不断读好书,才有可能获得自身的可持续发展,才能与时俱进、开拓创新,以全新的视野、全新的智慧来引领自己的教育教学实践。

二、教师要有书卷气

孔子说过:"学而不厌,诲人不倦","发愤忘食,乐以忘忧,不知老之将至"。当代著名史学家、思想家陈旭麓教授死在他的书桌上,如同他在《浮想录》里说的,学者的生命与读书的生命一样久长,而因读书产生无穷的光耀。普希金曾说:"书,是人类文明的灯塔。"那一定是指文明画卷中的经典名著而言。培根说:"阅读使人充实,学问改变人的气质。"那一定是人们读到了那些如芝兰之香的宝书要籍。[①]新时代教师要想做精神澄澈的大先生,有言为士则、行为世范的道德情操,有启智润心、因材施教的育人智慧,就要不断地从经典中汲取成长的养料,从书籍里找到发展的动力,做一名被书香浸润的学习型教师。

精神澄澈的教师要研读经典。什么是经典?美国著名作家梭罗说:"那些经

---

① 张艳国. 读书的意义[J]. 学习月刊,2008(1).

典著作,若说不是最崇高的人类思想的记录,又能是什么呢?"①经典是具有典范性与权威性的、经久不衰的万世之作,是经过历史选择出来的最有价值的东西,是最能表现本行业的精髓的、最具代表性的作品。在笔者看来,经典就是经过历史洗礼的,具有典范性、权威性的最有价值的作品。阅读马列主义、毛泽东思想等经典,教师可以全面理解党的教育方针,更加忠诚于党和人民的教育事业,更加坚定至诚报国的理想信念。阅读《论语》《大学》等国学经典,教师可以更好地了解中华文化之脉络,传承和弘扬好民族传统文化,提升个人修养,从而更出色地履行立德树人的根本任务。阅读《阿Q正传》《威尼斯商人》等中外文学经典,教师可以滋养心灵,健全人格,陶冶情操,丰富情感,为更好履行塑造灵魂、塑造生命、塑造新人的时代重任打好自身的精神底座。阅读《烈火中永生》《焦裕禄》《蒋筑英》等红色经典,教师可以提升审美,洗礼精神,净化品格,为一生的教育教学实践提供不竭的精神力量。

精神澄澈的教师要博览群书。俗话说"要给学生一杯水,教师要有一桶水",这强调的是教师需要具备广博精深的文化专业知识和理论。陶行知先生曾说:"做先生的,应该一面教一面学,并不是贩买些知识来,就可以终身卖不尽的。"②因此,教师要多读专业的书,读成功的经验、同行的建议,看名师的设计、典型的案例,从专业书籍中汲取养料,提升专业水平。要多读教育名家名著,跳出本专业范围去看书,树立大教育思想,形成大教育观。要想彻底解决教师职业碰到的各种复杂问题,不仅要去专业书籍中去寻找答案,更要到名家论著中去深入系统地研读,能解决教育教学实际问题的书都可以拿来看。要多读教育以外的书,要看政治、经济、文化、历史、艺术、哲学等方方面面的书籍。要跑到专业之外拓展视野,涉猎更多与专

---

① (美)亨利·戴维·梭罗.瓦尔登湖[M].王义国,译.南京:江苏凤凰文艺出版社,2018.
② 陶行知.陶行知教育文选[M].北京:教育科学出版社,1981.

业"无关"的书籍,要学会跳出教育圈子看教育问题,为自己的教育教学打开全新的格局。这样,我们就会发现自己是站在更高处审视自身的育人行为,会有更多的教育智慧自觉地融入教学实践中,从底子上完善自己的专业行为和专业素养。

精神澄澈的教师要浸润书香。优秀的教师都是综合素养很高的人,要想做一名综合素养高的人首要条件就是学习。身处信息时代大浪潮,世界每时每刻都在改变,面对教育变革,教师还有多少老本可以吃? 一定要加强学习意识,养成学习习惯,不停地阅读,不仅仅为了我们自己,更为了我们肩上的责任。新时代的教师可以一段时间不写文章,不出科研成果,但是,不能不读书。优秀的教师更应该每日读书、反思,真正做到"日日精进,则无有不成"。要让阅读不断开阔我们的胸襟、浸润我们的生活,让阅读成为我们生命的一种自觉。这样,我们才能讲起课来旁征博引、妙趣横生,才能用身上的书卷气去熏陶、影响、感染学生。要成为学生的人生导师,教师先要努力成为一名博览群书的饱学之士。

总之,对肩负特殊使命的教师来说,读书是不能懈怠的人生第一功课,更是成长的动力源泉。阅读是与思想巨匠、文化哲人、高尚灵魂在对话,把广博阅读和躬身实践结合起来,教师就能获得这份神圣职业的认同感和幸福感,从而产生神圣的职业责任感和使命感。对教师来说,读书不仅是一种专业成长,更是一种精神的淬炼、生命的升华。

第二节　校本研修：在团队中同成长

如果说读书是一个人学习成长的最佳方式,那么研修则是一个团队共同进步的最有效途径。有专家认为,教师专业发展的主要内容和目的是提高教师的实践智能,形成实践性知识,学校和课堂是教师专业发展的主阵地,而校本教研机制能有效地提高教师的实践智能,提高教师解决教育实践问题的能力,这样校本教研就成为解决课堂教学实际问题和教师专业发展的有效途径。[①] 也有专家提出,"校本培训"是指在教育行政部门和有关业务部门的规划和指导下,以教师任职学校为基本培训单位,以提高教师教育教学能力为主要目标,把培训与教育教学、科研活动紧密结合起来的一种继续教育形式。让教师把学到的理论知识与实践紧密结合,避免理论与实践的脱节,加强针对性,将培训的成果直接转化成教师的教育教学能力。在我们看来,无论是校本教研还是校本培训都是以学校为中心的一种新型师资培训方式,都指向教师的专业化发展,都聚焦于教师的教育教学实践行为,我们更愿意称之为"校本研训",因为研训更加关注教师的研究和学习过程,更加关注教师教和育的行为方式,更加关注学生的学习方法和思维方式。

传统的校本教研或校本培训,一般都是在学校领导及管理人员的协调、组织下,名优教师和新教师结成师徒,促使新教师向名优教师学习,更快提高。通过名优教师的示范,新教师学习活生生的方法,提高教育教学能力。实践证明,通过传、帮、带、导,新教师的成长明显加快了,譬如常见的"青蓝工程""优教工程"等。另外,假期短训班也是校本培训和教研的一种普遍形式,一所学校或几所学校联合起来,有时以集团的名义利用寒暑假时间举办短训班,聘请专家、学者来校讲课,教师缺哪些知识与能力,就请专家来辅导这方面的内容,节省了经费和时间,又结合了学校的教育教学工作,时间不长,效果却是显著的。再如,反思也是校本培训和教研常见的一种方式,一段教育教学活动结束后,教师经常被要求撰写反

---

① 余保华. 校本教研与教师专业发展[J]. 教育探索,2004(8).

思、体会来回顾、研究自己的工作,继而去发现和解决遇到的新问题、新挑战,具有一定的科学研究性质。但在我们看来,所有这些团队研修方式都已不能完全满足学生学习的新发展需求,不能完全满足教师专业成长的新发展需求,不能完全满足新时代教育的高质量发展需求。"双新"要求下,我们也要改变校本研训的方式,要更加关注学生学习方式的转变,更加关注课堂教学的改变,我们可以从三个方向重新认识和定义校本研修,构建校本研修的新途径和新模式。

一、主题聚焦型校本研修

这里的校本研修主要是据研修的内容而言的。主题是什么?有研究者认为,在学校教育中,主题是指教育和教学活动的中心议题;在课程内容的组织中,主题是指不同内容共同指向的核心问题。[①] 我们认为,随着"双新"工作的落实,这里的主题与主题教学、跨学科主题有关联。有学者在解读新课程方案和新课程标准时指出,新方案和新课标蕴含着对学科实践的高度重视和对推进综合性学习的明确要求。要求加强知识学习与学生经验、现实生活、社会实践之间的密切联系,要求学校的课堂教学更加注重真实情景的创设,让学生获得鲜活的生活体验,从而增强学生运用知识解决实际问题的能力。在义务教育阶段的课程教学中,要积极开展主题式、项目式学习的综合性教学活动。所谓主题式教学,是指围绕一个主题建构一种兼具合作性和挑战性的学习情境,教师可以打破学科界限,整合不同领域的教学资源,学生可以接触与这一主题相关的各种领域的学习内容。[②] 我们认

① 周俏纨. 浅谈综合课程主题的设计——上海市实验学校主题式综合课程案例分析[J]. 现代中小学教育, 2004(2).
② 张乐天. 义务教育阶段深化课程与教学改革的新指向——2022年版义务教育课程方案和课程标准解读[J]. 教育视界, 2022(19).

为,"双新"工作对教师的教学提出了更高的要求,教师要尽快转变理念,加快对单元、主题、项目、任务的理解。主题式教学中,学生是学习的主体,教师引导学生去思考,学生对教师提出的问题发表自己的看法和解题方案,师生一同分享来带动更多的思考和分享。

主题聚焦型校本研修是针对课程内容、学科内容来讲的,研修的主题就要聚焦主题式教学,聚焦跨学科学习,要研究学科知识与学生现实生活的联系,研究学科与学科之间的知识逻辑与关联,探究促进学生对跨学科知识融会贯通的方法,由此来不断提升学生的核心素养,促进学生全面发展。主题聚焦型校本研修要关注将与学生生活息息相关的现实问题引入教学全过程中的合理方法和手段,其次也要关注教学过程的情境感和生活化的适切途径与合理方式,让教师能成为学生学习的真实引导者、帮助者,让学生成为真正的学习主体。

二、价值共识型校本研修

这里的校本研修是据研修的主体而言。有价值共识的研修主体,也就是研修的共同体,可以围绕相同的目标,采用相似的手段,采取资源共享、成果分享等方法开展研修,共同进步。这样的研修共同体多少有点学习型组织的味道。也有学者认为,学习型组织中的个体能够不断突破自己的能力上限,创造真心向往的结果,培养全新、前瞻、开阔的思考方式,全力实现共同的抱负,进而使组织取得创新和进步。在学习型组织中,个体通过真正的学习,体现生命的价值;通过学习,重新创造自我;通过学习,实现以往未能做到的事情,重新认识这个世界,以及扩展创造未来的能量。我们认识到,开展价值共识型校本研修与建立学习型组织的理念是一致的。首先,团队必须要有良好的文化氛围,有价值认识的基础,可以是教育价值观的相似,也可以是教学理念的共识,但团队每个成员必须具有以积极方式开展学习和工作的态度,才能使研修共同体成为具有强大生命力和不断进步的团队。其次,在研修团队里,每个成员的学习不能代替团队的学习,团队的学习也不是个体成员研修的简单总和,是思想的融合、价值的重塑。

价值共识型校本研修的主线是读书与思考,团队成员要共同研读教育新政和教育理论、各类经典名著,清晰、深入地把握教育思想观点及其理论要旨,体会理论的精髓,悟出精神,从而形成自己的理解与思考。要多读专业化的书籍,跳出课本和教参资料的小圈子,进入更广阔的专业书籍空间去阅读,要读得深、读得透,有了深刻和广博的学科专业知识,才能从容地应对新课程的挑战,才有可能成为本专业的行家里手。要在更广阔的视野下进行广泛阅读,寻找更多的教育智慧宝藏,丰富自己的学识,提高自己的素养,成为真正意义上的文化人。价值共识型校本研修的主要途径是观摩和交流,青年教师要观摩优秀教师的现场教学;经验教师也要走进青年教师的课堂,通过说课、析课、评课来分享、交流观摩后的体会、学习后的感受,并不断铸牢研修共同体意识。最后,价值共识型校本研修要定期呈现读后感、观后感、案例、课例等研修成果,但这些成果不是简单的个体承包,而是你中有我、我中有你的共同研修后的成果结合体,是思想火花的碰撞、价值理念的融合。

三、课题深挖型校本研修

这里的校本研修是据研修的方式而言。我们经常会发现,身边的教师普遍认为自己的本职工作是教好书、上好课,搞研究是专家的事,是个别人的事,这种观念严重阻碍了教师真正成为教育教学的主人、教育研究及专业发展的主体。随着教育研究受到制度化教育的驱动变得越来越科学化、技术化,教师的工作也变得越来越程序化、机械化。教师成了知识的消费者,被动地消费专家们生产的知识。教育研究成果越丰富、越复杂,教师的思想变得越简单。[①] 新的课标关注学生核心素养的培养,强调学生问题解决能力的培养已成为 2022 年版义务教育阶段课程标准的必然追求。以初中物理为例,课程学习不是为了学生能够记忆碎片化的知识、解决抽象的习题,而是为了"学生通过课程学习逐步形成的适应个人终身发展和社会发展需要的……关键能力",而问题解决能力就是"关键能力"的重要内容。新课标的《教学建议》对学生问题解决能力的培养格外关注,明确提出要"突出问题教学",要"让学生在问题情境中探索和发现知识,掌握技能,发展创新思维,……不断增强学生运用物理知识解决实际问题的意识和能力"。[②] 这样看来,教师的问题意识也要加强,发现问题、分析问题、解决问题的能力更是迫在眉睫,课题深挖型校本研修也呼之欲出。

首先,课题深挖型校本研修要处理好问题与课题的关系。教师要养成向教育教学日常生活询问、发问与追问的意识和习惯,这样才能不断提出有价值的研究性问题。课题是一个将意识到的"问题"概括、提炼、转化成"问题"的过程。教师研究的课题要与自己任教的学科相关联,让课题研究活动与日常教学合二为一,要形成"教学研究化""研究教学化"的习惯。要围绕教学活动中的重点、难点来确立课题,从而真正使课题研究在化解教学难点、改进教学方式方面有突破、有创新。

其次,课题深挖型校本研修要处理好研究方案与行动落实的关系。教师开展课题研究首先要明确研究的内容,否则将无从着手。研究内容明确后,就要进一

---

① 陈向明. 实践性知识:教师专业发展的知识基础[J]. 北京大学教育评论,2003(1).
② 于海波,毕华林,吕世虎,等. 新课标新在哪——义务教育课程标准(2022 年版)深度解读[J]. 中国电化教育,2022(10).

步分析问题的成因,规划问题解决的方法和步骤。除了要了解已有的研究成果,明确已有的研究结论和经验,发现原有研究的不足外,关键是提出自己的研究设想。研究方案只是一个解决问题的思路和设想,而课题研究的核心是行动。行动是研究方案付诸实践的过程,是一种改进和创新,是寻找问题和创造教育实践新形态的过程,行动落实能体现教育的价值导向和人文关怀,能关注学生的成长和发展。

最后,课题深挖型校本研修要处理好成果总结与转化的关系。总结成果在课题研究中是一个研究的终结,也是另一个研究的开始。总结的过程是深挖的过程,是新的问题发现的过程。把总结的成果有效地做好转化工作,要对与研究问题有关的各种情况进行归纳和整理,形成有用的教育故事或教学案例。要对问题现象和原因做出分析和解释,探讨问题背后的理念和规律。关键是能提出方案和实施过程中的偏差,把新感悟、新发现、新思考落实到新方案中进行新一轮实施,来进行进一步的检验和论证。

总之,无论是什么样的校本研修,都需从教育教学的实际问题出发,都要围绕教育教学的实践展开,都应反思教师在自己教育教学过程中的一言一行,都指向教师专业化成长这一最终落脚点。同时,无论何种形式的校本研修,都是一种团队合作的学习形式,都是成长共同体的实践行动。每一个成员得到锻炼的同时,也促进了研修的氛围形成,校本研修对提升教师队伍整体素质起着决定性的作用。

第三节　课题研究:聚焦真实的问题

读书是教师一个人的成长,研修是一个团队的成长,而课题研究是教师融入团队成长后的必然追求,教师研究的课题应该聚焦教育教学中的真实问题,是对自我实践的深度反思。马克思主义者认为人类的生产活动是最基本的实践活动,是决定其他一切活动的东西。人的认识,主要地依赖于物质的生产活动,逐渐地了解自然的现象、自然的性质、自然的规律性、人和自然的关系;而且经过生产活动,也在各种不同程度上逐渐地认识了人和人的一定的相互关系。一切这些知识,离开生产活动是不能得到的。[①] 实践是人类自身改造客观世界的感性物质活动,是物质的特殊存在形态,是物质的社会存在形态。[②] 因此,实践中产生的问题是最真实的问题,是最值得去思考、去研究的,教师课题研究活动的本质就应该是聚焦真实问题的深度思考。

一、问题是课题的起点

何谓问题?陈桂生教授认为,所谓问题,"一是所'问'之'题',或有疑问之事;一是指事物的严重性,如通常所谓'成问题'"。[③] 可见,教育实践中的真实问题就是在科学认识的条件下,由教育主体或被教育主体提出的关于教育教学实践中需要解决而又尚未解决的矛盾,主要是教育教学的目标状态和结果状态之间的差距,而且这样的矛盾和差距是切切实实存在的,是可描述的。课题指的是与特定目标相联系的、某个领域中存在而须解决的真实性问题。

那问题与课题又有什么关系呢?首先问题不等于课题。问题的提出有不同的角度,可以提一些自己感兴趣的问题,也可以提一些学习或实践中自己感到有

---

① 毛泽东选集 第一卷[M].北京:人民出版社,2006.
② 李校利.1992 年实践问题的研究述要[J].毛泽东邓小平理论研究,1993(2).
③ 陈桂生.教育学的建构 增订版[M].上海:华东师范大学出版社,2008.

困难的问题，还可以提一些自己观察到的难以解释的问题。但并不是所有的问题都可以成为一个值得开展深入研究的课题，只有经过提炼且有研究价值并能持续研究的真实问题才是我们要研究的课题。其次课题必须来自问题。课题是在问题的基础上产生的，是为了解决问题而去研究的。但也不排除这样的情况，有人缺乏研究能力，为了某种功利目的，主观臆造一个课题进行研究，列举一大堆的理论基础、价值意义，却不能解决某些具体问题，这样的研究是没有意义的，没有真问题的课题如无源之水、无本之木，毫无实际价值。最后，问题是可以转化为课题的。有人提出过这样的观点："问题即课题。"这句话有一定的道理，但不能说"问题＝课题"，因为并不是所有的问题都会成为课题。只有在教育教学理论的指导下，经过选题，确定其具有研究的价值与可能后，教育教学中的真实问题才可能转化成为教育科学值得研究的好课题。[①] 在教育教学过程中，教师一定要有问题意识，要善于发现真问题、提出真问题，尤其是实践中的真问题，并将之转化为具有研究价值的课题。问题是一切课题的起点，没有真问题也就没有好课题。一切好课题研究的目的，就是去寻找解决真实问题的最佳方案。

二、问题是课题的内涵

苏霍姆林斯基曾指出："教育科学没有去研究数十种和数百种影响人的那些相互依赖和相互制约的关系，在这方面是落后的。教育科学只有当它去研究和解释那些最细微、最复杂的教育现象的相互依赖和相互制约关系的时候，才会成为精确的科学、真正的科学。"[②]由于选题决定研究的方向、相应的投入以及完成研究

---

① 龚国胜.关于问题与课题关系的思考[J].教育研究与评论(中学教育教学),2009(5).
② （苏）В·А·苏霍姆林斯基.把整个心灵献给孩子[M].唐其慈,毕淑芝,赵玮,译.天津：天津人民出版社,1981.

的难易程度,因此选题一定要科学严谨、稳妥慎重。如果选题出现失误,以后的一切工作就会南辕北辙、徒劳无功了;如果选题过于随意,就会导致研究工作缺乏计划性、可行性,易出现反复停顿、效率低下、浪费严重等问题。

　　教师开展教育科研工作,选题内容要聚焦实践问题,即对实践工作深度思考后的有价值的问题。选题内容要注意以下四点。首先,问题应适合继续探索。英语中"科学研究"一词写作"research",前缀 re 是"再度""反复"的意思,search 是"探索""寻求"的意思,连在一起就是"反复探索"。世上少有从未被人走过的新路,也难找从未被人探究过的问题,一个问题被反复探索并不要紧,只要它还有必要继续探索下去,还有可能取得新进展,就可以考虑作为研究课题。其次,问题要具有普遍意义。科学研究注重发现普遍规律并加以利用,故应选取具有普遍意义并且便于将来推广成果的问题进行研究。有些来自教育实践中的问题若只反映个别现象,或利用早已发现的规律即可解决,就不能作为研究课题。第三,问题涉及的研究范围要适宜。一般来说,范围太大,需要耗费的时间和投入的物质条件必然多一些,完成难度也随之加大;范围过小,又会影响研究的价值。"问题不怕小,就怕搞不好",与其好高骛远地热衷于"创立"新学科、"构建"新体系、"发明"新方法,还不如深入扎实地研究一些因看似琐碎而易于被人忽略的实际问题更有积极意义。最后,尽量把社会需要和个人研究优势结合起来。在一定时期内,教育的一些热点问题必须集中力量尽快研究,这体现了社会的需要。符合社会需要的研究课题容易得到政策和经费方面的扶持,新闻出版机构也会加大力度发表相关的研究成果。倘若个人具有的研究优势适合进入或可以转向社会迫切需要的研究领域,自会增加研究成功的概率。[①]

---

①　张宏.教师与教育科研[J].泰安师专学报,2000(4).

因此,把握好教育课题的研究,关键是要挖掘教师在实践中发现的具有普遍性的新问题。育人是教育的根本任务,陶行知先生曾说,"千教万教教人求真,千学万学学做真人",无论怎么教、怎么学,目的是要培养出人才,培养出党和国家需要的德才兼备的人才。但"有教无类"也道出了教育工作的不确定性与复杂性。同一位教师面对不同的学生会采用不同的教授方法,不同的教师面对相同的学生也会有不同的教学处理方式,这样,在这些普通而日常化的教育教学过程中就会不断有新问题产生。作为教师要善于发现和把握这些新问题,因为,这些新问题才是有价值的、值得持续研究的好问题,是课题研究的具体性内容、深层次内涵。这些新问题可以是学生在学习过程中碰到的新问题,是教师在日常实践工作中遇到的老问题,或是管理者在学校发展中面对的新挑战。只有研究这些问题教师才有可能找到或揭示教育教学的普遍规律,从而成为教育的行家里手。

三、问题是课题的归旨

《现代汉语词典(第 7 版)》对"课题"的界定是"研究或讨论的主要问题或亟待解决的重大事项"。可见,问题与待解决的事项是课题的核心,能够为研究提供足够的焦点和方向。课题研究是以问题为导向的科学探究活动,教育科研选题的过程,是一个将问题变为课题的过程,实践活动中值得思考、解决的问题很多,而能够作为具体科学研究题目的课题却不太多。课题的归旨就是指研究的主要目的和意图,而问题就是课题的主题。

以学校龙头课题《基于"育慧工作坊"的校本深度教研体系建构与实践研究》为例,本课题聚焦新时代教育改革发展背景下的学校教师队伍建设问题,通过研究以"育慧工作坊"为载体的高质量学校深度教研体系的建设和实践路径，构筑有效的校本教师专业发展支持平台，化解学校教师队伍建设面临的诸多问题。研究关涉到的核心主题有两个：其一，教师工作坊建设；其二，校本深度教研。这两个主题研究的归旨都是基于学校教师队伍建设面临的"整体引领不足、内生动力不强、支持平台不够、实践成果不多"等问题的归纳与提炼。再如，学校另一区级重点课题《基于转变学习方式的中考新政背景下小初教学衔接的研究》，当时课题的提出是基于初中升学考试的变革，考试的内容和方式有了变化，学生应对这些变化的核心素养亟需培养与提升，而九年一贯制的办学体制为课题研究提供了方便和条件。转变学习方式和小初教学衔接成为课题的主题，而这样的主题也是提出这个课题的主要目的和意图。

课题研究的本质是创新，新观点、新方法、新理论都属于课题成果创新的表现形式。创新是将新事物引入原有结构的过程，它具有新颖性、实用性和先进性的特点，同时创新的成果要经得起实践和历史检验。评判课题成果质量的关键是看它对于人们认识和实践的影响力。[①] 影响力的关键是问题的独特性和新颖性，当一个课题解决了已有问题，形成了理论成果，它能不能衍生出新的问题，能不能提供新的思考和实践，是考量问题影响力或是好坏的重要标准。课题研究的目的和归旨来自问题的本身。

归纳来说，研究型教师的课题研究工作要聚焦于实践，聚焦于对教育教学的深度思考。实践和研究不是矛盾的，更不是对立的，是统一的。做好教育教学工作就一定要有研究，尤其是新时代的教师一定要有研究，要带着研究的眼光看待自己的实践，而研究一定要注意问题导向、目标导向、结果导向，做到三个导向的

---

① 刘贵华，孟照海. 教育科研课题成果质量的九个问题[J]. 教育研究，2015，36(9).

有机统一。问题是关键因素所在,它决定着课题的提出,决定着课题的方向和研究的内涵,更决定着研究的直接成效。无论如何,一线教师的研究课题要从自身的实践中去挖掘,要结合实践去深度思考,找出方案,形成理论成果,推动自身的实践再上新台阶。

第四节　教学相长:一辈子的事业

"教学相长"一词语出《礼记》中的《学记》篇,原文为:"虽有嘉肴,弗食不知其旨也;虽有至道,弗学不知其善也。是故学然后知不足,教然后知困。知不足,然后能自反也;知困,然后能自强也。故曰:教学相长也。"学习使人进步,通过学习能开阔眼界,认识到自己的不足,求得长进。而教也是一种学习的过程,教师只有通过教学才会有困惑,发现自己知识的不足,从而再学习、再提高。"教学相长"是对师生在教学过程中相辅相成的辩证关系的正确概括。① 因此,我们认为,教因学而得益,学因教而日进。教能助长学,学也能助长教。这是教学相长的意义,也是于老师"一辈子做教师,一辈子学做教师"理念的内涵所在、核心所在、缘由所在。

一、因材施教,教学相长

教育的对象是学生,学生个体之间天然存在差异。尊重学生的个体差异并因

---

① 张从信."学记"中教育与教学的基本原则——读"学记"札记[J].云南教育,1980(1).

材施教,是千百年来叩问教育本质的常青话题。随着义务教育课程改革的不断推进,满足学生全面而有个性的发展显得愈加重要和迫切。[①]《义务教育课程方案(2022年版)》提出了"面向全体学生,因材施教"的课程基本原则。因材施教首先是生本位的理念。学生是教学的核心因素,教学理应从学生的需求、兴趣和发展出发,在共同的培养目标基础上,关注个体差异,因材施教。

首先,教师要对学生有了解、会理解、能认同。受尊重、被理解、获认同是人不可缺少的心理需要,儿童和青少年更是如此。离开了尊重、理解、宽容就谈不上教育,更谈不上教学。因此,教师要用爱心去了解学生,用耐心去理解学生,用真心去认同学生,去了解他们的言行,去理解他们的想法,去认同他们的品格。面对一个个学习状况、脾气秉性、家庭情况、性格爱好、兴趣特长不同的学生,教师需要精心加以引导和培育,不能因为有学生不讨自己喜欢、不对自己胃口就从心理上排斥,继而在行为上冷淡他,更不能把学生分成三六九等。对所谓的"差生"甚至问题学生,更应多一些理解和帮助。教师无意间的一句话,可能造就一个天才,也可能毁灭一个天才。我们一定要平等对待每一个学生,尊重学生的个性,理解学生的情感,认同学生的缺点和不足,善于发现他们的长处和闪光点,让所有孩子都成为最优秀的自己。这样的成长需要教师自己不断地磨炼,不断地学习,不断地寻找帮助学生成长的最合适方式,这样的过程也成就了教师自己,使教师逐步成为拥有良好心境、包容心态、积极行为的更优秀的自己。

其次,教师要对学习目标有探究、有梳理、有界定。因此施教,就要从学生的个人需求和兴趣出发,审视他们的学习需求,结合学科核心素养,从知识技能习得、过程能力培养和情感态度与价值观影响来确定学习目标。学习目标的关键是

---

① 何慧玲.因材施教:新加坡小学华文差异化教学的启发与思考[J].教学月刊小学版(语文),2023(12).

梳理、难点是界定,需要教师准确把握好核心素养,准确定位好学生的需求与兴趣。在此基础之上,教师引导学生确定具体、可行的任务目标,将学习目标分解成若干可落实的小目标,按照时间规划逐步实现,这样的目标可以是个性化的、差异化的设计。从大到小的目标是一个细化的过程,更是一个学习的过程,学生对自己努力的方向有清楚的认识,教师对自己的教有更明确的定位。最后,在前面基础上教师督促学生形成自己的学习计划,形成学习进度安排,规划学习资料收集和整理的途径和方式,制定出自己喜欢的学习方法和策略等。计划是落实的前提,如果学生形成了自己的学习计划,因材施教就迈出了成功的第一步,这个过程一定是师生共同成长的难忘经历。

最后,教师要对不同层次的学生实施不同的教学。根据学习水平的差异,要对不同层面的学生确定不同的教学目标,选取不同的教学内容,采用不同的教学方法,进行针对性的教学评价。譬如,针对优等生要严格要求,鼓励自我探究,培养自学能力。在学法上提供一些课外学习资料,指导其学会比较、归纳、总结的本领,鼓励独创精神,激发质疑思维。针对中等生要宽容爱护,增强自信心,培养约束力。在学习中多找优点,帮助树立自信的支点;多找长处,激发前进的动力,破除安于现状的思想,激发潜能和信心。对于学困生要包容鼓励,要培养兴趣,引导合作学习。教法上要灵活多变,不拘一格,教学内容要由浅入深,由易到难,有学习坡度,有难易结合,要增加对学生的注意力、记忆力的关注,对其兴趣的保护,对其进步和闪光点的激励,来点燃学困生的学习兴趣火花。无疑,面对不同层次的学生,教师的教学研究和实践是一种磨炼。

总的来说,因材施教能提高学习效果,减轻学习压力,更好地满足学生的个性化发展,是教师更好实现教育目标、培养全面发展的学生的需要,是现代教育理念的一种重要教学原则和方法。同时,这样一种理念和方法,对教师也提出了更高的要求和素养,催生了教师的潜在学习动力,激发自身的专业化成长。

二、以学为本,教学相长

《义务教育课程方案(2022年版)》中基本原则第5条"变革育人方式,突出实践"中提到,"突出学科思想方法和探究方式的学习,加强知行合一、学思结合,倡导'做中学''用中学''创中学'"。基于学为中心的理念彰显无遗。把课堂还给学生,让学习真正以学生为主体,让学生亲身经历学习过程,在时间和空间上保证学生学习活动的正常展开和学习行为的真实发生,让学生学会自主学习、合作学习和探究学习,在学习中养成良好的习惯,掌握科学的学习方法,提高学习效率,也为教师的成长提供更广阔的舞台。

基础性知识的学习活动影响师生的共同成长。"双新"形势下,基础性知识的教学就要改变以往死记硬背、机械训练的方式,要紧密结合学生的生活实际,紧贴学生的生活和心理特点,审慎选择基础性知识,选择合适的教学方法。从学科核心素养的角度进行基础性知识的教学,活学活用,学以致用。要创设各种情境激发学生学习的动机和兴趣,增强学习效果,要设计一些活动或项目,从大单元的角度构建基础性知识的体系,帮助学生建立系统性的学科知识体系。这样的教学理念,从根本上改变了我们教的方式,要改变"教死知识""死教知识"和"死做题""做死题"的教学行为,把重"教师的教"转变为重"指导学生的学"。重构教的行为需要教师新的学习和实践,与学生共同进步。

跨学科知识的学习活动需要师长的共同成长。在新的课程方案中,跨学科主题学习的提出与综合课程的建设关联在一起。新课程方案指出,"注重培养学生在真实情中综合运用知识解决问题的能力。开展跨学科主题教学,强化课程协同育人功能"。跨学科知识的学习活动需要学生掌握多学科的知识,也要求教师跨越学科边界,协同设计和实施课程,促进学科知识的相互渗透,达到全面提升学生综合素养的目的。跨学科主题教学要科学制定学生的学习目标,设计恰当的学习流程,关注学生的学习策略与方法,引导学生的学习实践,评价学生的学习效果,把教师"教"的活动转变为对学生"学"的指导活动,从而使学生成为有终身学习能力和全面发展的人才。这样的学习观和人才观呼唤教师必须具备终身自觉学习的能力和全面发展的专业素养。

探究性知识的学习活动促进师生的共同成长。《学记》里有这么一段:"记问之学,不足以为人师,必也其听语乎! 力不能问,然后语之;语之而不知,虽舍之可也。"意思就是记诵之类的学识称不上学问,只教授识记类学问而没创新的人不能称之为老师。我的理解是,教师不是"教会"学生什么,而是要教学生"不会"什么,与我们常说的"授人以鱼而不如授之以渔"一个道理,指的就是要学生在探究性知识的学习活动中提升自己的自主学习能力。《义务教育课程方案(2022 年版)》在课程实施方面提到:"注重'做中学',引导学生参与学科探究活动,经历发现问题、解决问题、建构知识、运用知识的过程,体会学科思想方法。加强知识学习与学生经验、现实生活、社会实践之间的联系,注重真实情境的创设,增强学生认识真实世界、解决真实问题的能力。"由此看来,学生的学是开放的学,教师的教更不是封闭性的教,要引导学生探究新知,提升自主学习的能力,学生探究的质量、能力的提升由教师的探究水平与学识的广度和深度决定。教师要在探究上下功夫,更要在引导学生上下功夫;学生要在探究上下功夫,要做到真探、实学,这样才能真正做到"做中学""学中做",达到探的目的,实现究的意义,促进师生共同进步。

总之,教学相长要求教师对学习进行深入研究,在教学过程中对学生的需求和个体差异精准施教,并不断反思自己的教学行为,促进再学习。而学生则通过转化所学为所用,进行师生间真正的有效互动,师生同向同行,走向共同成长。

三、以问导学,教学相长

《义务教育课程方案(2022年版)》的培养目标中提到:"乐于提问,敢于质疑,学会在真实情境中发现问题、解决问题,具有探究能力和创新精神。"就是要培养学生的问题意识,发现、提出问题是问题意识的基本能力,分析问题是解决问题的前提,更是关键一步,而自主探究、提出、分析问题的能力是创新精神的核心要素。以问导学,学在后,问在前,引是症结,导是关键,促进教学相长。

学生发现、提出问题的能力的培养,能促进教学相长。"提出一个问题往往比解决一个问题更重要。"也有古语云:"学贵知疑,小疑则小进,大疑则大进。"提问是学习之源,发现问题、提出问题是获取知识的基本能力和途径,教师要精心设计问题的情境,激发学生发现、提出问题的能力。新课标要求学生在真实情境中发现、提出问题,对教师的情境设计提出更高的要求,要结合学生的生活实际、学生的实际认知水平,进行生活化的真实情境设计,从而保护、激发学生的学习兴趣,提升学生发现、提出问题的水平。

学生理解、分析问题的能力的培养,能促进教学相长。好问题有了,自然是要理解、要分析,这一过程就是学习过程的关键环节。怎么引导,怎么学习?《学记》中这样说,"故君子之教喻也"。这里"喻"的含义是"启发诱导",并指出"喻"的具体做法和效果有三方面。首先是"道而弗牵则和",要引导学生自觉学习,不能牵之使进。其次是"强而弗抑则易",教师要鼓舞学生自强不息、积极向上,不要抑制学生学习的积极性与主动性。再次是"开而弗达则思",即在教学中要注意开导,要有启发性,但不要讲得过细,要让学生有咀嚼消化的余地。① 古人的教育智慧给我们很好的启示,从新课标要求来看,帮助学生理解和分析问题,主要是从问题与生活实际关系的角度、从问题与学科知识关系的角度去理解、去解释。对待学生质疑问难,教师回答问题应持什么态度,《学记》中又有提到:"善待问者如撞钟,叩之以小者则小鸣,叩之以大者则大鸣,待其从容,然后尽其声。"意思回答问题要看对象,要有针对性。要经过反复问答,启发诱导,把道理讲清说尽。就像撞钟那样,应反复撞击,余韵悠然,从而尽其声。② 用现实的眼光来看,就是要反复推敲,细化了知识点讲,分解了步骤去深入,结合了生活实际的各方面去证实。

学生自我探究性提出、分析问题的能力的培养,能促进教学相长。"双新"的目标是为了提升学生的核心素养,是为了每一位学生的成长,因此必须改变传统的教学模式,要让学生通过自主、合作、探究的方式,主动地学习,获取知识,提升素养。一堂课设计得好不好,教得好不好,最关键的可以看是不是把学生的注意力留在了课堂。教师要营造宽松、友好的课堂氛围,设计有趣的课堂情境,激发学生的学习兴趣,为学生自主学习、积极思考、提出问题打好基础。要提供有效的方法去帮助学生提出和分析问题,比如在语文教学中可以通过重点为词句的阅读,利用联系上下文的方法达到质疑和析疑的目的;也可以通过情境分析、查阅资料的方法达到有效的提问和分析。这样,具体的方法有效地激发学生自主提问和分析问题的能力,教师引一引,学生就可以跳一跳摘到果子,有效地达到提升学生能力的教学目的。最后,可以组成合作小组,适时组织交流活动,教师适时点拨、引导、参与探究。这样的学习过程,最大程度地提高学生的学习兴趣,挖掘学生的学习潜能。总之,学生的自主性提问和分析问题能力的培养,改变了教师灌入、学生

① 陈铁镔. 我国古代第一部教育专著《学记》初探[J]. 锦州师范学院学报(哲学社会科学),1979(1).
② 陈铁镔. 我国古代第一部教育专著《学记》初探[J]. 锦州师范学院学报(哲学社会科学),1979(1).

接受的传统教学方式,成为教师引导、学生探究的教学新模式,学生的自主探究能力得到了培养,教师的专业能力也得到相应的锻炼与提升。

总而言之,信息化社会发展日新月异,要把新知补充到教材中来,教师得下苦功。教师要上好课,有一个由不知转化为知、由知之不完善到知之完善的过程,为了"教"教师就要"学","学"又促进了"教"。每位学生基础不同,能力有高低,智力发展有差异,教师要掌握每位学生的学情,需要艰苦、细致的调研。只有摸清了学情,才能有的放矢地教,才能教现成效。此外,学生在独立思考和探究学习的过程中,会提出各种各样的问题和不同的意见和看法,迫切要求教师不断地去学习新知识、改进新方法。教与学的关系,是相互促进的,是相长的关系。

新时代的教师要向于漪学习,既要精通专业知识,做好"经师",又要涵养德行,成为"人师",做好学生成长道路上的引路人。做好学生的引路人,首先要不断地加强学习,自觉地读书,读一切有用的书籍,一切能涵养人格的优秀书籍,为自己的育人任务打下坚实的文化底蕴。做好学生的引路人,还要向同行学习,向一切优秀的教师学习,要善于发现身边的优秀教师,从他们身上汲取养料,这要求教师积极参与教研,推动团队建设的同时促进自身的发展。做好学生的引路人,更重要的是立足课堂实践,新时代的教师要站稳三尺讲台,勤耕细作,勇于开拓,积极实践。课堂是一切教学活动的核心和基础,是教师工作的主阵地和成长的舞台。课堂实践要讲方法、重策略,要关注学生的核心素养,培育学生自主学习、探究学习的能力,在推动学生全面发展的同时,也促进自身的进步。做好学生的引路人,关键要成为研究型的教师,不仅要研究学生的学,更要研究自己的教,在周而复始、循环往复的螺旋式学习、实践、反思中,提升教育理念、更新教学方式、达成育人成效。

面对教育要服务于中国式现代化新征程，服务于中华民族伟大复兴的重要使命，面对培养什么人、怎样培养人、为谁培养人的根本之问、世纪之问，新时代的教师一定要保持勤学、善做、励恒的热情与定力，要自觉以于漪为榜样，以于老师"一辈子做教师，一辈子学做教师"的教育理念为座右铭，牢记教育初心和使命，以昂扬的斗志、饱满的热情、旺盛的干劲，不负韶华，踔厉奋发，砥砺前行。用仁爱去温暖学生的生命，以行动滋养学生的心灵成长，坚定做一名精神澄澈的教育工作者。

第 六 章

持之以恒：每个人都是管理者

　　文化与制度是共生的伙伴，刚柔并济，相得益彰。制度宛如磐石，为秩序奠定基石；文化犹如春风，为精神注入活力。在我们学校，制度是大家共同智慧的结晶，每一个人都是制度的守护者与实践者。教师是学校文化的灵魂所在，他们不仅积极参与学校文化的塑造，而且是学校文化的典范。在这里，每一个人都用自己的言行诠释着学校文化的深刻内涵。

文化与制度是共生的伙伴，刚柔并济，相得益彰。制度宛如磐石，为秩序奠定基石；文化犹如春风，为精神注入活力。

学校制度易于显化、便于应用，为学校的日常运作提供了坚实的基石。合理的制度，如同润滑剂一般，有效降低了管理与沟通的成本，使得学校的各项事务顺畅进行。在我们学校，制度是大家共同智慧的结晶，每一个人都是制度的守护者与实践者。

学校文化则如一面镜子，映射出学校的办学宗旨、精神风貌和风尚气息。与普遍、强制且稳定的制度相比，学校文化宛如一幅丰富多彩的画卷，展现着多样性与个体性的魅力。教师是学校文化的灵魂所在，是学校文化建设的灵魂人物，他们不仅积极参与学校文化的塑造，而且是学校文化的典范。在这里，每一个人都用自己的言行诠释着学校文化的深刻内涵。

第一节　制度意识是一种文化自觉

每一个人都是制度参与者，意味着每个人都有责任和义务参与制度的制定、执行和监督。制度是由社会各个领域的成员共同制定的，需要得到广泛的认同和支持，才能有效地实施和执行。而在教育领域中，教师作为教育制度的执行者和参与者,对学生的成长和教育质量的提升具有至关重要的影响。因此,每一位教师都应该意识到自己是学校制度的参与者,认真履行自己的责任和义务,积极参与学校制度的制定和执行。

制度意识是制度参与的核心所在。在我看来,制度意识是一种文化自觉,教师要意识到学校制度的重要性,并在思想上认同学校制度中传递的制度文化。同时,教师本身也要有对于学校制度的理性认识。

制度意识是一种理性思考。学校制度既是学校管理的工具,也体现着学校的人才培养观念,是工具性与价值性的统一。教师既是学校制度的管理者,也是学校制度的被管理者,学校制度的良性发展离不开教师的制度意识。所谓制度意识,即教师能够充分意识到学校制度的重要性,能够尊崇学校制度,重视学校制度建设,能够拥有理性的思考和处理问题的制度思维。这要求教师明白学校制度的形成过程、特色和发展趋势,从这一意义上来说,制度意识是一种文化自觉。教师拥有良好的制度意识,既能增强自身管理能力,又能促进学校制度的良性发展。因此,为了增强教师的制度意识,我校定期开展针对教师的学校制度培训会,让在校教师认真学习学校制度,了解我校章程的制定背景、制定目的和具体内容。经过培训,老教师对我校制度的认同感进一步加深,而青年教师则对自己的权利和义务有了更清晰的认识。

制度意识需要深化。为了让教师对于制度意识有更深层次的认识,我校开展了"强化教师学校制度意识,提升教师学校管理水平"的研讨会。在会上,大家针对学校制度中应该包含的价值观念进行了探讨。经过激烈的讨论,大家达成共识:良好的学校制度应该将人本位的思想贯穿制度的始终,体现教育性。

一、发展性下的人才培养观

发展性寓意着与时俱进,它是流动的,也是开放的。与学校制度相关的学校培养目标、课程制度等方面应该体现当代以及未来社会人才需求的方向,并体现学校制度下学生的发展性。我校为九年一贯制学校,思想观念上彰显"一贯性"。九年一贯制不是简单的小学加初中,更不是"一校两制",而是将义务教育作为一个整体凸显出来,小学、初中衔接,按照人才成长规律,整体设计和规划教育。九年一贯制的特点在于"贯",要贯通义务教育阶段,让初中和小学衔接成为系统的育人体系。① 因此,在学校制度文化上,我校更强调从小学到初中的自然衔接与发展。除了学制上的发展性,在课程设置上,我校开展学校特色课程,如无人机课程、舞狮课程、软陶课程等,不仅关注目前学生的教育需求,更是将目光放远于未来,增强学生的科学素养。

发展性不仅体现在人才培养观上,更体现在学校的制度管理上。在领导管理上,我校追求一体化。九年一贯制学校实行一体化管理,把整个义务教育阶段的德育、教学、教科研工作及科技、文体活动等统筹规划,系统地制订整个九年的培养目标,按照"统一领导、分部负责、全程管理、分权赋职"的原则,组织分步实施,分段落实,全面促进学生素质的培养和提高。② 一体化的管理不仅能够使各项制度确切落实,更赋予了管理灵活性,让制度更加"因地制宜""因时制宜",从而实现学校制度自身的发展性。

教师作为学校制度的参与者,其自身发展性同样是我校极为重视的部分。在

---

① 魏政刚. 九年一贯制学校管理中存在的问题及对策[J]. 甘肃教育,2016(24).
② 魏政刚. 九年一贯制学校管理中存在的问题及对策[J]. 甘肃教育,2016(24).

师资上,我校力求教师在组合上达成最优化。九年一贯制办学体制为教师提供循环、流动、全程教育的机会,能培养复合型师资,提高教师全程教育和跨年段教育的能力,便于引进激励机制,增强横向和纵向的岗位流动,便于灵活对待入学高峰和低谷出现的教师空缺与饱和的状态。中小学之间学科教师达到优化整合,能减少彼此之间的隔阂,让中小学教师的流动更为畅通①。同时也夯实了教师的教学素养,提高了教师的教学能力,丰富了教师的教学经验,让教师在自我发展上走得更远。

二、公共性下的教育观

学校制度的目的是人才培养。学校制度既需要反映教育的规律并促进教育的发展,也要兼顾社会与个体都能在学校制度的实行下受益,这表明学校制度需要公益性与合理性兼备,需要尊重人才教育的普遍规律,还要关注到特殊学生的受教育需求。针对特殊学生,我校制定了《昆明学校随班就读实施方案》。特殊学生不仅是特殊群体,更是学校教育教学中的弱势群体,同时也是受法律法规保护的群体,为了提高教师的认识,我校从三方面帮助教师树立特殊教育的观念。

第一,制定教师责任制度。我校每学期都制定随班生教师的教育教学计划,每位教师都明确自己的职责,正确和积极主动地做好随班就读的各项工作。

第二,提高特殊教育的主动性。通过对特殊学生施爱、提供帮助来培育少年儿童的爱心、助人为乐的品质;通过学生之间的互相帮助、学习辅导、小组合作,营造宽容、互助、同乐的环境,为随班就读创设良好的人际氛围。

---

① 魏政刚.九年一贯制学校管理中存在的问题及对策[J].甘肃教育,2016(24).

第三,倡导"关爱"思想。"关爱"是我校的教学宗旨,也是随班就读工作的根本力量,我们将建立"真情实录"的谈心日活动,教师通过自己的言语对学生进行心灵访谈,让随班就读的学生感受到老师对他们的关爱。

上述方案的实施不仅在制度上给予了特殊学生以教育关怀,还在思想上帮助教师更深层次地树立特殊教育的观念。

三、人本位的核心观念

学校制度的实行最终是为了教师能够更好地教书育人,学生能够更好地学习,因此,学校制度的制定应该符合人的发展需求,彰显人的价值。

人本位不仅是我校制度建设的核心价值,更是我校教师职业道德规范中的重要价值取向。在我校制定的《上海市昆明学校职业道德规范》中,第七条、第八条等,都体现着我校人本位的制度价值取向。

《上海市昆明学校职业道德规范》(节选)

一、忠诚事业。热爱社会主义祖国,热爱中国共产党,热爱教育工作,贯彻党的教育方针和政策。

……

六、管理民主,校务公开。认真履行校长负责制,自觉遵守学校民主管理程序并主动接受师生和社会监督,党政团结,作风正派,维护教职工和学生合法权益。以教育改革和时代发展的新理念提升领导干部的执政能力。

七、求真务实,开拓创新。虚心学习,重视实践;探索研究,科学决策;更新观念,勇于创新;积极进取,追求卓越。增强"以人为本"的服务意识。

……

九、关爱学生。关心爱护全体学生,尊重学生人格,平等公正对待学生。对学生严慈相济,做学生的良师益友。保护学生安全,关心学生健康,维护学生权益。不讽刺、挖苦、歧视学生,不体罚或变相体罚学生。

现代民主制的健康和稳定发展不仅依赖于基本制度正义,而且依赖于民主制下的公民的素质和态度,[①]教师只有理性认识其拥有的学校管理权利,并能够以独立意志、负责任的态度参与学校具体的治理事务,才能够对于学校制度的制定与执行有更加深入的了解,增强对于学校制度的认同感,最终形成学校制度意识上的"文化自觉",促进学校制度的良性发展。

第二节　制度参与是一种专业能力

制度参与不是一句虚有其表的口号,而是需要教师切实地参与其中。为了提高教师制度参与的意愿与效率,教师的制度参与能力需要得到专业提升。

一、教师是制度的实践者

教师作为学校制度的参与者,其对学校制度的实践有着重要意义。有学者认为,一线教师参与学校治理既是教育治理现代化的内在要求,也是推动学校内涵发展的必然选择。[②] 还有学者认为,教师参与学校制度管理,具有提高学校管理效能、降低学校决策风险、优化学校组织的文化氛围、提高教师的工作积极性、改善教师和管理者之间的关系、提高学校管理决策的科学性和合理性等多方面的积极

---

① （加）威尔·金里卡. 当代政治哲学[M]. 刘莘,译. 上海：上海三联书店,2004.
② 江平,李春玲. 教师参与学校治理的角色认知、行为选择与组织改进[J]. 教学与管理,2021(15).

作用。①

在制度参与上,我校重视学校管理者与教师的合作伙伴关系,我校建立校务会议制度,依法建立以教师为主体的教职工代表大会制度。学校重大问题经党政工主要负责人酝酿,提出解决问题的初步设想。在调查研究、认真听取教职工意见的基础上,由校长主持校务会议讨论并交教职工代表大会表决、通过后执行。保障教职工通过教代会参与学校民主管理和监督的权力。在学校制度管理上,我校从单边的、单项的管理制度走向双边的、更加多样化的管理制度。让教师对学校的制度及制度管理者充满信任感,从管理与被管理的关系走向互相信任、责任共担的关系,从而实现学校的共治共建共享。

我校建立教职工代表大会制度,将教师视为学校制度管理不可或缺的主体,同样也是平等协商的主体,即"所有人都有同等的机会发起讲演、询问、质询和公共论辩,所有人都有权对给定的讨论话题质疑,所有人都有权就对话程序的规则及其应用或实施的方式提出反思性论辩"。② 在教代会中,我校实行民主集中制原则,教职工代表充分体现了广泛性、代表性和群众性。我校教代会代表占学校教职工总数的30%,代表中有教师、职工、领导干部,其中教师不少于60%,中层以上干部不超过25%,青年教职工和女教职工占一定比例。教职工有权监督和撤换本单位的教职工代表。教代会所行使的职权同样体现了教师参与学校管理这一点,如"听取校长的工作报告,讨论学校的办学方针、发展规划方案、财务预决算、教职工队伍建设。对学校管理等重大问题提出意见和建议,讨论校长提出的教育教学方案、工资调整实施方案、教职工奖惩办法,以及其他与教职工有关的基本规

① 楚江亭.中小学教师参与学校管理研究[J].中国教育学刊,2009(8).
② 江平,李春玲.教师参与学校治理的角色认知、行为选择与组织改进[J].教学与管理,2021,(15):41-43.

章制度,提出意见和建议。审议教职工的集体福利基金使用方案和其他有关教职工福利的重大事项,提出意见和建议。监督学校各级领导干部,并定期进行评议"。

为了不让教职工代表大会流于形式,导致教师"无效参与",我校根据学校的实际情况,围绕教代会在学校管理中的地位,与其他管理机构的关系,教师代表的选举,提案的征集、落实和反馈等方面做出进一步的实施规定,切实发挥教职工代表大会应有的审议、评议和考核等功能。此外,我校考虑到一线教师在参与学校管理时,有教学任务或其他额外事务,因此我校拓宽了教师参与学校制度管理的方式与途径,如设立了咨议性的委员会,并定期开展工作报告等。① 总而言之,我校重视教师在学校制度中的参与,尊重教师的表达自由,力求构建一个对话、协商、开放、合作的友好氛围,让教师拥有自觉参与学校管理的角色意识。

二、制度参与需要专业提升

教师作为学校制度管理不可或缺的主体,不仅需要积极参与学校制度,同时还需要提升制度管理的专业能力。教师普遍在"治管"方面的参与能力比较薄弱,因此,提升教师参与学校治理的有效性,需要破解教师参与"治管"的能力困境。② 为了提高一线教师参与管理的能力,我校力求促进教师的信息获取与提供能力,建立了教育信息化管理制度,通过教育信息化领导小组、信息公开领导小组和教育信息化教研组,积极推进学校教育信息化工作,努力构建集教学、科研、管理、评价于一体的数字化教育环境,并协调各方面资源配给。在信息公开上,学校信息

---

① 江平,李春玲.教师参与学校治理的角色认知、行为选择与组织改进[J].教学与管理,2021,(15):41-43.
② 侯玉雪,杨烁,赵树贤.学校治理背景下教师参与学校管理的困境及对策研究[J].教育理论与实践,2019,39(13).

公开网、长三角优质教育资源网等对外信息公开项目由专人管理,所有发布的信息由部门负责人审核通过后方可交由信息公开管理员发布。各部门及时提供信息,管理员努力改进网站栏目设置,努力丰富网站的内容,让教师能够及时获取所需信息。在信息内容上,我校则遵循积极、健康、向上的导向,在学校网站准确及时地反映学校教学、科研、管理等各项工作最新动态,特别注重宣传学校在教学科研等方面的典型事例、典型人物、学术成果、推广示范。内容及时更新,确保了网络宣传的有效性和时效性。及时有效的信息公开与丰富的信息内容确保教师能够高效获取所需信息,从而提升制度管理的专业能力。

提升教师制度参与的专业能力,还需要精准匹配教师的治理能力,避免教师"过度参与"。教师过度参与是指学校管理者出于对教职工参与学校管理决策的高期望,不加限制地鼓励全体教职工参与到学校管理决策中去,每一项决策都要经过教师的长期讨论才能决定。这种"人人上阵"的方式,其结果只能是对教师和管理者时间和精力无休止的浪费,给教师群体带来了不必要的工作负担和压力,导致对学校管理效率和决策质量产生消极影响。[①] 不同的教师对于学校治理的看法各有千秋,如有的教师需要对学校特定的事务及制度注意并提出建议,有的老师则对学校的每件事务都贡献出智慧与力量。为了优化教师制度参与效率,我校设置了《岗位工作细则说明》,对不同的事务管理进行精细划分,定岗定责,既充分发挥了教师的参与治理能力,也有助于提高学校参与治理的成效。

为了进一步提高教师在学校制度管理中的参与感,我校在加强教师专业素养培训的同时,还加强学校管理理论和实践能力的培训。在保障教师教学质量的同时,让教师更好地参与到学校管理中去。教师自身专业素质提高了,才能够更加

---

① 侯玉雪,杨烁,赵树贤.学校治理背景下教师参与学校管理的困境及对策研究[J].教育理论与实践,2019,39(13).

得心应手地进行学校管理理论的学习。学校制度管理带有极强的专业性与实践性,教师在学习专业理论的同时,还需要进行实践,丰富自己的制度参与经验。我校积极为教师创造实践条件和实践机会,使其在实践中掌握理论知识,并采取多样化的方式对教师进行制度管理的专业培训,除了定期请专家与学者来校开展讲座之外,还为教师创造外出考察优秀学校管理方式的机会,以及举办学校管理经验交流会,会上请富有管理经验的老教师发言,青年教师观摩学习,并发表自己的学习心得,以老带新,使教师真正体会教育管理的理念,增强教师的责任感与归属感。

第三节　每个人都是制度的一分子

作为学校的成员,每位教师都是学校制度的一分子,参与着学校制度的制定与执行。作为学校制度的参与者,教师必须具有规则意识。

一、规则意识是一种境界

规矩,是人们通过社会实践由感性觉悟发展至理性觉悟的产物。它约定俗成,指导人们在方方面面应注意什么,该怎么做,"无规矩不成方圆"。而规则意识本身则相对抽象,但它却悄无声息地存在于人们身边。小到早上出门挤地铁时的先下后上,给老弱病残孕和抱小孩的乘客让座;遵守交通规则,不闯红灯;晚上在家尽量不发出噪音影响邻居。大到遵守国家法律法规,不触碰法律红线。规则是公共的,但规则意识则是个人的,规则意识发自内心,源于本心,并体现在实践之中。一个文明社会中的社会成员必然具有规则意识,而学校作为社会的缩影,教师也必须拥有规则意识。规则意识决定了一个人的境界,一个学校教师的规则意识也决定了学校的文明程度。

作为学校制度参与者,教师必须拥有规则意识。但目前,教师参与学校治理的角色认知模糊,自觉性、主动性有待提升。[1] 许多教师将自己定义为被管理者,命令的执行者与接受者。即使在有机会参与管理时,教师的实际参与多数表现为象征性、形式上的参与[2]。在这样的情况下,教师的规则意识无法得到提升,因此,提升教师的规则意识是提升教师参与学校管理积极性的重要条件。

为了提升教师的规则意识,我校一直明确表示对教师参与学校管理的支持与鼓励,将教师参与学校管理写入学校规章制度。《上海市昆明学校规章制度汇编》的第四章第十九条对教师的权利与义务进行了明确的划分,其中写道:"教师有权通过教代会或其他形式参与学校管理,对学校工作提出意见和建议;对学校重大问题有知情权,对不公正待遇或对处分有申诉权。"

另一方面,我校积极开展各类增强教师规则意识的活动,改善教师的心智模式。心智模式是指人认识和看待社会的方式,是人们在长期的工作、学习中形成的。我校务求让教师理解学校制度,明白自身在学校管理中的角色。开展的活动主要有科研、培训、读书会等形式。为了让教师对于规则意识的理解打下深厚理论基础,我校制定科研工作管理条例,发挥科研工作促进作用,密切教育科研与规则意识、规则实践的关系,使教育科研工作真正成为我校教师增强规则意识的发展动力;并借此进一步调动、保护教职工参与学校管理的积极性。同时,我校的图书馆面向所有教职工开放,方便教师进行相关资料的搜查。此外,我校组织一线

---

[1]　江平,李春玲.教师参与学校治理的角色认知、行为选择与组织改进[J].教学与管理,2021(15).
[2]　楚江亭.中小学教师参与学校管理研究[J].中国教育学刊,2009(8).

教师围绕"班级自我管理"这一主题开展交流会,在会议上,具有丰富班主任经验的老教师向新手班主任传递管理经验,让新手班主任受益匪浅。

针对青年教师,我校则定期开展聚焦"规则意识"的读书分享会,在青年教师心中种下一颗种子,让青年教师相信,作为一名教育专业工作者,任何教师都有能力影响学校的管理决策,进而让青年教师产生参与学校管理的愿望,提升教师参与学校管理的综合素质。

二、制度参与是一种必然

如今的社会是一个急剧变革的社会,传统的学校管理与组织决策的理论和方法正经受着现代社会变革的巨大冲击。学校决策如何才能具有适应性与高效性,是当前学校管理者迫切需要解决的问题。学校的内部管理决策,既要考虑到思维方式问题,又要考虑到具体方法问题;既要考虑到形式问题,又要考虑到本质问题;既要考虑到强度问题,又要考虑到方向问题。[①] 学校的管理是复杂的,也是动态发展的,在以知识、信息为特征的社会经济形态即将到来的今天,单一的、集中的管理方式已经不能够适应时代需求,要构建一个适应社会发展、学校发展、教师发展、学生发展的学校管理机制,每位教师都参与到学校的制度管理成为一种必然。

教师参与学校制度,能够避免校长负责制内决策主体的单一化倾向。所谓决策主体的单一化,是指学校决策权过分集中于校长一人。无论是从理论上还是实践上看,校长负责制授予校长以绝对的权威,校长在学校内部拥有广泛的决策权,大到学校的发展规划,小到对违纪学生的处分。而校务委员会、教职工代表大会

---

① 戴永忠. 中学教师参与学校决策的管理研究[D]. 华东师范大学,2004.

未被明确授权具体参与学校重大事务决策,作为个体的教师更无权过问学校管理事务。① 为了避免校长负责制内的决策主体单一化倾向,我校明确在学校规章制度中规定,"学校重大问题要按照议事规则和程序,经过校务会议集体讨论后决策,做到依法决策、科学决策、民主决策",并对学校重大问题进行清晰的划分。在学校重大问题的决策上,我校执行严格的决策程序,避免学校的决策权过分集中于校长一人,在学校规章制度中强调:"凡涉及教职工切身利益的重大问题应提交教代会讨论。根据管理权限,须报上级有关部门批准的重大问题要按规定程序报批后方可实施。"教师参与学校制度管理,不仅能够避免决策权的过度集中,还能够提升决策效率。决策理论的代表人物赫伯特·西蒙曾反复论证,组织决策是过程行为,任何人在组织决策中都具有能力的有限性,这种有限性只能借助决策的群体化来予以解决和克服。因此,教师的制度参与是一种必然。

三、制度参与需要躬行

空有制度意识是无法提高学校的管理水平的,制度参与不仅需要人人知晓,更需要人人实践。为了让每位教师参与学校制度管理落到实处,我校建立了民主开放的决策机构——教育工会。正如伦敦商学院管理发展教授查尔斯·汉迪所说:"组织既要集中化,同时又要分散化,既是紧密的,又是松散的;它们必须既要做长远计划,又保持灵活性;它们的工作人员一方面应具有自主性,另一方面更应具有集体主义精神。"②而教育工会的运行正是体现了自主性与集体主义精神。

教育工会是教职工代表大会的工作机构。教育工会按党和国家的方针政策

---

① 彭晓映. 校本管理:完善校长负责制的新视点[D]. 华中师范大学,2003.
② 张燕. 管理学[M]. 南京:东南大学出版社,2008.

和国家有关法律法规行使职权;审议校长工作报告、学校工作计划、发展规划、改革方案、财务预算和学校其他重大问题,并根据需要做出相应决议;参与评议与考核学校干部;对学校教育教学和管理工作提出批评、建议;实施民主管理、民主监督,维护教职工的合法权益等。教育工会作为一个广阔、开放的平台,让教师有足够的空间施展自己的抱负,充分激发教师的"责任意识"与"规则意识"。此外,我校还构建了良好的信息与资源网络,保证各种信息资源落实,让教师能够快速获得丰富的资讯,并扩大管理视野,提升管理品质,尽量减轻由于自身专业知识不足而导致的困扰。

《上海市昆明学校规章制度汇编》节选

第四章 第二十四条 学校重大问题决策的主要程序:

(一)确定议题,列入议程。需要列入校务会议讨论的重大问题,由校长听取各方意见后提出,与党组织负责人共同商议确定。

(二)调查研究,形成方案。对确定的议题进行调查研究,广泛征求党内外意见,校长与党组织负责人充分酝酿,形成共识和主导性意见。存在严重分歧的,暂不提交会议讨论。

……

凡涉及教职工切身利益的重大问题应提交教代会讨论。根据管理权限,须报上级有关部门批准的重大问题要按规定程序报批后方可实施。

第四节 教师是学校文化的灵魂所在

文化建设对于学校的人才培养起着至关重要的作用,因此,学校文化是一所学校在建设的过程中不可忽略的内容。一所学校要有一个文化的底蕴。文化的蕴涵越深厚,学校的基础越深厚。所谓学校文化,指的是"经过长期发展历史积淀而形成的全校师生（包括员工）的教育实践活动方式及其所创造的成果的总和"。①
教师作为学校的一分子，自然在学校文化建设中有着不可推卸的责任。每位教师
都是学校文化的载体，既参与着学校文化的建设，同时还是学校文化建设的典范。

一、学校文化建设要明确方向

教师作为学校教育的主力军，是学校文化的建设者，教师可以通过课堂教学、
课外活动、师生交往等途径，将学校文化传递给学生，使学生能够了解、认同并践
行学校文化。同时，他们在教学实践中不断探索、创新，为学校文化建设注入新的
元素。因此说，教师是学校文化的建设者。正如修建高楼大厦离不开建筑师的规
划，学校的文化建设也需要明确方向。

在建设学校文化之前，需要明确学校文化建设的任务。当下社会快速发展，
各种思潮涌动。"当前中国社会价值观正在由一元向多元发展，原主流价值系统
已受到挑战，……故各种不同价值观的相互冲突尤为激烈。"②在这样的社会背景
下，我校积极倡导帮助学生形成健康、积极的人生观和生活方式。以我校办学理
念为指导，在建设学校文化时，我校制定了以下学校文化建设目标。

（一）以培育核心价值观为目标

我校为九年一贯制学校，因此在进行学校文化建设时，要全面考虑到中小学
生的情况。教师在教学活动中发现，中小学生正处于身心发展的关键期，因此非
常需要正确的价值观引导，以形成良好的学习、生活和行为习惯。培育核心价值

---

① 顾明远. 论学校文化建设[J]. 西南大学学报(人文社会科学版),2006(5).
② 叶澜. 试论当代中国学校文化建设[J]. 教育发展研究,2006(15).

观可以帮助他们理解并坚守这些价值观,促进他们的健康成长,引导他们形成积极向上的态度和行为,进而促进整个社会的和谐发展。不仅如此,核心价值观教育还可以帮助中小学生理解国家和社会的发展需要每个人的努力和贡献。通过践行核心价值观,可以培养他们的责任感和使命感,使他们意识到自己的行为可以对社会产生积极影响。同时,可以引导学生了解中华优秀传统文化的内涵,培养他们对传统文化的热爱和尊重,这对于传统文化的传承和弘扬具有重要意义。

我校李昀老师开展了一节与传统节日有关的课——九年级"闲话清明习俗,丰富生命内涵"。李老师希望能够通过这一课程,引导学生了解中华的民俗风情和传统美德,认同民族文化的时代内涵,增强珍惜生命的意识和态度。

整个活动过程清晰而丰富。首先由学生诵读唐朝杜牧的《清明》,引入课题。然后利用相互交流的形式让学生讨论清明节的习俗,知道清明节的由来及相关作品。进而让学生明白清明节是中华民族缅怀先人、悼念逝者的传统节日,有着悠远丰富的文化内涵。清明节于2008年被国家列为法定节假日,但放假的意义不是休息,而是纪念。为了体现教师的主导作用,最后由教师诗朗诵《又到清明》。在这一课中,学生透过或赞扬、或悼念、或安慰、或幽默的简单文字,进行一次生与死的对话,探究逝者的内心世界,在对逝者尊敬和缅怀的同时,解读形形色色的名人墓志铭。

课后,李老师感想良多。她认为,一堂好的主题教育课不仅是让学生了解我们中华民族的民俗风情和传统美德,更应挖掘的是他们的内在生命力,传承的是一种民族独特的"浩然正气"。因此,她选择了"解读墓志铭"这一环节。选题较新颖,由外国数学家的趣味数学题导入,掀起课堂高潮,再思考一位中国民主人士和一位中国当代书法家的墓志铭,结合他们各自的生平轶事,让学生在走进名人内心世界的同时,感受到生命的可贵与意义。在这个物欲横流的社会里,急需一个平台引导我们的学生认同民族文化,但又不能让传统节日的意义落于俗套。因此,李老师从独特的视角出发,赋予清明节时代的内涵,唤醒学生珍惜生命的意识和态度,有助于引导他们用现代社会的理念认识传统文化的内在价值。同时,这一课程也符合我校文化建设的目标。

除了对于学生个体具有积极意义,就国家层面而言,以培育核心价值观为文化建设目的也是大有益处的,通过在中小学阶段践行核心价值观,可以提升国家的文化软实力。一个国家的文化软实力是其国际竞争力的重要组成部分,而核心价值观是国家文化软实力的重要体现。

总之,培育中小学生践行核心价值观对于个人成长、社会风气、国家发展等方面都具有重要意义。而教师作为我校文化建设的主体,不仅身体力行地将核心价值观融入教学活动中,更是朝着这一学校文化建设目标不断努力,为社会输送更加优秀的人才。

(二) 以全面提升学生素质为目标

"随着未来科技逐渐承担起那些'人类不必要的劳动',每一个未来人都能因此完全腾出手来全身心地直面人性善恶、思维习惯、精神追求、生活方式、社会关系等等的时候,适应未来人才培养目标的'协作、感恩、创造力、想象力、忍耐力、反省能力等素质,将最终沉淀下来'。"[①]因此,未来社会需要的人才,必然是全面发展的人才,而非只有应试能力的做题机器。从这一点来看,我校的文化建设,还必须以全面提升学生素质为目标。

在全球化背景下,学生需要具备跨文化交流的能力。我校注重引进世界各地

---

① 赵亮.文化管理:未来学校管理的核心[J].当代教育科学,2019(1).

的优质文化资源,加强国际交流与合作,让学生了解不同文化背景下的价值观和生活方式,提高学生的跨文化交流能力。同时,我校还注重建设积极向上、健康有序的学校文化,包括开展丰富多彩的文化活动、鼓励学生自主组织社团活动、加强学校环境建设等方面,让学生在学校中感受到文化的熏陶和影响。

除了开展特色课程提高学生的跨文化交流能力外,我校还十分重视培养学生的媒体素养,包括如何辨别信息的真伪、如何正确使用媒体资源、如何应对网络暴力等方面。学校曾组织学生利用媒体资源,一方面锻炼自己的媒体技术,另一方面也提升自身的批判性思维和独立思考能力。

我校一位初二男生,曾经痴迷游戏,每天上课不是睡觉就是"神游",各门学科在他痴迷游戏的状态下开始亮起红灯。班主任着急,家长着急,连他的好朋友也为他着急。在这样的情况下,作为他好友的学习委员决定就他的这个行为拍一部短片,想试着探讨一下如果真的每天的学习就是打游戏,生活会不会变得更好。于是他邀请班级同学和班主任加盟,开始编写剧本进行拍摄。而这个故事的男主角就是这个痴迷游戏的男生。在他们的短片里,这个男生就像"超级马里奥"一样,一次次通关,一次次打怪,但在这个他向往的生活中,他发现如果生活如游戏的话会变得无比的空虚。这个故事的最后,男主角多次通关失败后发出了"好好学习,远离幻想"的感叹。

这个名为《成功者》的短片,是如此真实而无限贴近学生的心灵。片子拍完了,故事讲完了,而这个男生也自觉回到了正常的学习生活中。经过这一事件,我校从中发现了提升学生素质的新途径。于是,我校开始积极组织自愿的学生拍摄短片:想有永远不用到周一的学习生活,短片《星期八》出现了;希望大家能爱护眼睛,于是《我拿什么来爱你——屏幕》应运而生;和家长闹别扭不知道如何化解,于是《离家出走前》诞生了……而在参观博物馆、社会实践、艺术表演、劳动纪实等活动中,学生也喜欢用自己的镜头记录自己的生活,讲述自己的故事,也表达自己的看法和观点。在动手的过程中,学生的心灵得到了解放,素质也得到了提升。

总之,文化建设要以全面提升学生的素质为目标。而全面提升学生的素质,需要注重中华优秀传统文化的传承、多元文化的交流、学校文化的建设、媒体素养的培养和全面素质教育的实施。通过这些措施,可以营造良好的文化氛围,为学生的健康成长和发展提供有力的支持。

二、学校文化能够提升学校整体凝聚力

"学校在发展过程中必然会形成与广大师生价值观和目标相契合的文化内涵,……学校在文化管理过程中就是实现精神文化与管理理念的有效融合,使全体师生的身心都能够融入其中"。[①] 学校的文化建设与管理是提升学校凝聚力的重要途径。通过共同价值观的塑造、学校文化的营造、团队精神的培育、学校形象的塑造及传统与创新的结合,可以营造良好的文化氛围,增强学校的凝聚力和向心力。这对于提高学校的教育教学质量、促进学校的可持续发展具有重要意义。

一个团队能够走多远,取决于团队成员对于团队理想信念的坚定性;一个学校的未来,取决于学校师生对于学校办学理念的信任与认同。为了共产主义理想,红军能够在艰苦卓绝的斗争情况下,用铁一般的意志完成举世闻名的二万五千里长征,创造可歌可泣的人间奇迹。反之,当缺少共同的理想信念时,一次简单的工作落实可能都难以到位。

---

① 刘佳琪. 高等学校文化管理的目的、价值与方法[J]. 大众标准化,2021(9).

为了提升学校凝聚力,我校师生树立了共同的价值观念:教师严谨教学,并不断自我学习,勇于创新;学生学习勤奋,脚踏实地,拥有自主探究能力与开拓创新能力。在这样的价值观念引导下,学校最终成为一个团结奋进的整体。

第五节　学校文化建设需要教师参与

教师是学校文化建设的主导者、播种者、实践者,他们通过课程与活动实现文化的传承与创新。明确了学校文化建设的方向,接下来该做的便是将学校文化建设融入学校的日常生活中。如果缺少了身体力行的实践,那么学校文化建设便只是空中楼阁。但若只有学校领导喊口号,一线教师却没有参与,学校文化建设也无法全面有效地展开。因此,学校文化建设需要教师参与。教师作为教学活动的开展者,参与学校文化建设的方式是多种多样的。

一、树立正确的教师观念

教师的观念与学校文化之间有着密切的联系。教师观念是指教师对于教育教学的态度、对于价值观和方法论的认识,而学校文化则是指学校内部的共同价值观念、行为准则和传统习惯等。教师观念是塑造学校文化的重要因素之一。

教师的教育观念对于教学质量和效果具有决定性的影响,因此也直接影响着学校文化的形成和发展。如果教师的教育观念积极、开放、进步,那么这种观念就会传递给学生,成为学校文化的重要组成部分。学校文化也反过来影响教师的观念。学校的传统、校风、学风等文化因素都会对教师的教育观念产生影响。例如，我校强调创新和探索，因此我校教师更加注重培养学生的创新思维和实践能力；同时，我校还十分注重纪律和规范，在这样的影响下，我校教师也就更加注重学生的行为规范和课堂纪律。可以说，教师观念与学校文化是相互作用的。因此，建设积极向上的学校文化，学校可以从树立正确的教师观念入手，有效干预。

二、进行深入的教学研究

教师教学研究与学校文化之间也有着密切的联系。教师教学研究是指教师对教学实践进行深入研究，探索更好的教育方法和策略，以提高教学质量和效果。教师的教学研究是推动学校文化发展的重要动力之一。教师通过对教学实践的深入研究，不断探索新的教育方法和策略，为学校的教育改革和创新提供支持和保障。这种探索和创新的精神会成为学校文化的重要组成部分，激励着师生不断追求卓越。

我校王郑老师就曾对体育课程进行探索创新。在一次体能训练中，王老师先运用传统的体能练习让学生练习三组俯卧撑、立卧撑等，但学生反映很累，不想练。于是王老师意识到自己的授课方式需要改变，需要创新。他在思考后，让学生自由组队，五人一组运用接力赛的方式进行练习，每组学生要完成俯卧撑、立卧撑、开合跳、高抬腿、200米跑五项内容。此举一出，学生的积极性很高，讨论得十分热烈，在讨论过程中学生还进行实战对比。比赛开始后，学生的情绪高涨，同伴在做的时候，一旁的组员还不停地加油鼓劲。一组做完后，学生并没有觉得累，赢的组想要继续赢下去，输的组也没有意志消沉，而是讨论通过换队员来迎战下一局，课堂气氛非常活跃，而王老师只是在一边关注，及时帮助。

在课程快结束中,学生意犹未尽,非但没人喊累,还嚷着要继续比赛。学生表示,训练虽然很累,但也很有趣。比赛结束后,许多学生还在评论前面与队友之间配合的小故事,完全把输赢抛之脑后了。在整个体能训练的过程中,学生十分享受,也更愿意接受枯燥的体能练习。

在这节课上,王老师通过对教学实践的深入研究,探索了新的教育方法,运用了比较流行的 HIT 体能训练方法,改变了原本练习的形式,注重激发学生的学习兴趣,发挥学生的主体地位,转变学生的学习方式,拓展体育课程资源,将枯燥、无趣的体能训练变得主题鲜明、形式新颖。本案例教学过程充分体现了"以学生发展为本"的教学思想,充分利用场地、器材的变化,采用情境教学模式、比赛手段和自主、合作的学习方式,活跃了课堂气氛,使学生以情入境、以境乐练,真正体验了运动的乐趣,又激活了学生参与体育活动的热情,提高了体能练习的教学效果。在这个过程中,王老师所表现出的探索和创新精神,成为了学校文化建设的重要组成部分。

三、通过学校文化活动进行参与

学校的文化建设离不开丰富多样的学校文化活动,如艺术节、科技节等。教师参与学校的文化活动,既能够丰富学校文化、提高学生的艺术素养,还能够加强教师与学生的互动,增强学校的凝聚力。

为了让教师能够充分参与学校文化活动,我校在 2023 年 12 月举行的学校嘉年华中,邀请一线老师作为本次嘉年华的聘任老师,辅助班级一起组织活动。

此次嘉年华探究活动选择了签署"一带一路"合作倡议的部分国家,以跨学科学习的方式推进,搭建场景式学习的舞台,在班主任与聘任老师的指导下,发挥学生的主体性,引导学生主动探究不同国家的文化和历史。通过海报绘制、印章设计、游园展示和体验打卡各项精彩活动的开展,学生在活动的探究、设计与实施中学有所思、思有所行、行有所得。虽然此次嘉年华活动突出以生为本的重点,但也离不开教师跨学科的指导。在我校各位教师的积极参与下,知识在游园会中"活"了起来,学生的团队合作能力和创新思维能力也得到了锻炼,实现了综合素养的培养。同时,本次活动的参与范围较广,不同学科的教师都参与了进来;在老师的帮助下,学生的国际视野和人文情怀得到了增强,文化自信和价值观自信得到了提升。最重要的是,本次活动促进了师生、生生间的交流和合作,增强了班级凝聚力,构建了和谐的师生关系。

第六节　教师是学校文化的典范

教师是份特殊的职业,从事的是"正在成长中的人"的教育活动,塑造的是"人"本身,而不是其他供"人"消费的物质产品或精神产品。[①] 因此,教师的一言一行,都影响着学生人生观、世界观、价值观的塑造。教师作为学校文化的载体,教学的过程也是传递学校文化的过程,因此,教师必须起到示范作用,要成为学校文化的典范。

一、言传与身教不可分离

韩愈在《师说》中提到:"师者,所以传道受业解惑也。"从古至今,教师"传道受

_____

① 邵光华.发挥教师道德示范作用[J].教育研究,2014,35(5).

业解惑"的方式多为言传身教。所谓言传身教,是指通过言语和行动两个方面来影响和教导。言语与行动两个方面不可分离。教师作为学校文化的载体,教学的过程正是学校文化传承的过程,而教师在教学活动中的言传身教,也就是学校文化的传承手段。

在学校里,教师的一举一动备受学生关注。于漪老师曾说:"教师对学生的作用,绝对不会是零。教师工作无时无刻不是你世界观、人生观的亮相"。因此,教师作为学校文化的典范,不仅要传递学校的文化价值,更要在实际的学校生活中传承和发扬校园文化。

我校《班主任工作管理条例》提到:"热爱学生、作风正派、为人正直、严于律己、以身作则、为人师表、积极工作、认真负责、勇于实践、敢于挑战,具有良好的职业道德。"班主任作为学生在学校生活中接触最多的对象,更是要做到以身作则。

我校的陶悦飞老师,坚持以人为本的原则,着眼于为学生的人生奠基、让生命精彩,为每个学生的成长发展提供有利条件,做到思想品德教育与文化知识传授相结合,课堂教育与课外教育相结合,共性教育与个性教育相结合,严格管理与言传身教相结合,培养"博学多思,健身强体,全面发展,自强不息"的学生。当时陶老师的班级是体育班,有11名现役或退役的游泳、水球运动员,其中有几个情绪控制方面存在困难的孩子,任课老师都反映上课的时候感觉很差,很多同学始终没有较好的集中度,走神、发呆的学生很多,课程进度和学习任务推进速度都很慢。

陶老师根据老师的反馈和自己的观察,对班级同学的家庭、身体健康、心理状况进行深层次的排摸,对部分孩子家长进行约谈,从气质问题、心理问题和注意力问题三个方面为突破口并逆行排除。面对复杂的班情,及时发现问题、防患于未然是重中之重。陶老师决定让学生自己主动暴露问题,在班级开展了一个"我

_____了"班主任爱心券发放活动,并通过不断地与学生、学生家长进行积极沟通,解决了班级中存在的较为严重的心理问题。

陶老师不仅在理念上充分理解和认同我校《班主任工作管理条例》中"以身作则、为人师表、积极工作、认真负责"的精神,更是在行动上做到我校坚持的"让学生开心、家长放心、社会称心"。

二、教师自身高度认同学校文化是传承的前提

教师作为学校文化的传承者,首先自身应对本校的文化达到高度认同。我校曾经开展"三跑"活动,就是为了提高我校全体教师对于我校办学理念和办学目标的认同。所谓"三跑",就是党员带头跑、干部带领跑、教师一起跑的"三跑",通过以点带面,党员干部发挥先锋模范作用,转变工作作风,增强服务意识,带领全体教师共同向前跑,以文明学校建设为动力,以"昆明精神"为支撑,团结一心,推进学校发展。

在开展"三跑"的过程中,我校首先设定目标,对活动内容进行分组讨论。学校领导班子统一思想,通过专题会议分析学校现状,依据提炼的办学理念,进一步讨论学校发展的思路与目标。通过多次讨论,领导班子首先达成共识,然后将整理成文的办学理念、学校发展的思路与目标下发给全体教师,在全体教职员工中推广宣传。采用个人先学习、分教研组再讨论的形式让大家对于抽象的办学理念与目标提出个人意见与建议。老师分别对于学校发展的思路与目标的合理性与不合理性展开激烈的讨论,同时结合自己的想法提出应该如何改进的修订意见。

一次的讨论不能够尽善尽美,因此在修订目标后,学校进行了二次讨论。学校将收集上来的各教研组关于学校发展的思路与目标的讨论意见和建议进行梳

理及归类。经过合并同类项的整理后,结合大家的想法,通过领导班子的专题会议对目标进行再修订,然后下发给教研组,通过分组学习,再次听取教师的意见和建议,由每个教研组梳理归类新的修订意见并提交。学校根据新提交的修订意见对方案进行再次修订,然后提交学校教代会成员学习讨论,由教代会表决通过。最后通过教研组学习、个人学习等方式,多次开展自上而下、自下而上的学习讨论。

通过这一次的活动,全体"昆明教师"明晰了学校发展的思路与目标,提升了对学校"有恒"办学理念的认同,对学校发展的思路和目标的认同。

三、在日常生活中传承学校文化

学校文化的传承不能够强行灌输,也不能生搬硬造。真正优秀的学校文化传承,应该是潜移默化的,是润物无声的。

学校文化不仅体现在班主任的德育工作中,同样也与学科教学息息相关。如语文教学中隐含的爱国思想、感恩教育,便与我校的办学理念不谋而合。因此,除了班主任老师在德育过程中传递着学校文化,我校许多学科老师也在教学中润物细无声地传承着学校文化。如我校王荣老师,在教学过程中,不仅教授了学生课本知识,还让学生在学习课文的过程中感受爱国思想。

除了课堂,学校日常仪式同样传递着学校文化。前文提到学校文化建设的目的是全面提高学生素质。而仪式教育便是我校实现全面提高学生素质这一文化建设的抓手之一。我校少先队以仪式教育、校内外活动为载体,结合队员思想品德、身心健康、艺术素养和社会实践四大要素在六到九年级开展不同的活动,培养符合队员年龄特征的综合素养。

我校为六年级学生制定的目标为培养队员归属感和荣誉感。9月,学校组织六年级全体队员开展"扣好人生第一粒扣子,争做新时代好少年"中队成立仪式,加强队员的少先队归属感和集体荣誉感,促使每位队员在今后的四年中积极参与少先队的各项体验活动,在实践中体验到快乐和集体的力量。在一年一度的心理节中,我们组织六年级队员开展"我的性别名片"创作活动,通过绘画创意表达,帮助队员们认同并悦纳自己的性别身份,加强六年级队员的身心健康。结合我校"明德"校本课程中的博物馆课程,我们组织六年级队员开展自然博物馆探索活动,通过讲座、活动任务单设计、实地参观,加强对六年级队员的社会实践素养的培养。

七年级的目标则是培养队员向善向真。在4月,我校少先队组织七年级全体队员赴美丽的同济大学开展"领巾走进大学城,争做时代好少年"主题的换戴大号红领巾仪式。队员们在毛主席像下解下小红领巾,换戴上大号红领巾,并郑重宣誓。少先队员感受到了大号红领巾的分量,感受到了少先队员所具有的无上光荣和肩负的重大责任。为了让七年级队员们健康成长,我们开展了"我是你的幸运星"活动,通过成为伙伴的幸运星,记录下能帮伙伴完成的一个小梦想,激发队员表达爱、接纳爱、传递爱的情感,形成团结友爱、助人自助的和谐学校关系。"禁毒博物馆探索之旅"是培养七年级队员课外实践活动的重要课程,队员们通过对禁毒知识的学习、实地参观等方式从小认识到毒品的危害,珍爱生命,远离毒品。

至于八年级则是以培养队员的合作能力和感恩之情为目标。我校组织八年级队员赴崇明拓展基地开展为期两天的"十四岁生日青春仪式",队员通过仪式活动、读家信、共同制作水果拼盘、分享生日蛋糕、拓展训练等集体活动感受家长的祝福与期盼,感受伙伴之间的友谊,更感受成长的快乐。根据八年级队员年龄特点,我校在八年级开展"今天你微笑了吗?"活动,通过征集笑脸的活动,帮助学生养成积极乐观的心态,释放善意、拉近距离、传递正能量。八年级队员还通过公安博物馆探索课程,加强了自身的法治观念,争做遵法守法好公民。

对于九年级,我校制定的目标是树立远大理想。学校组织九年级队员开展"穿越时空的一封信"活动,通过勾画未来的自己,给现在的自己写信,帮助九年级队员深层次地明确自我现状和努力方向。在毕业典礼上,他们敬完最后一个队礼后,解下胸前的红领巾,满怀对未来的希望和挑战,用响亮、整齐而又坚定的声音完成了最后一次呼号,完成了离队仪式,这标志着他们迈向青春,自强不息,展翅高飞,逐渐成熟。

各年级的仪式教育使队员们在四年的初中生活中成长为有信念、有责任、有担当、有理想的快乐少年,同时在仪式教育的过程中,学生的思想品德、身心健康、艺术素养和社会实践都得到了全面提升,学校文化以不同的方式在各年级传承和发展。

学校制度与文化之间的关系,如同琴弦与音符,相互交织,共同奏响着学校发展的美妙乐章。学校制度,宛如那稳固的琴弦,承载着学校的办学理念、管理智慧和教育目标。它规范着学校的各项工作,确保教育教学活动的有序进行。制度的存在,为学校营造了一个稳定、和谐、高效的工作环境,让师生能够安心学习、快乐成长。而学校文化,则是那流淌在琴弦上的美妙音符,赋予学校独特的灵魂和魅力。它蕴含着学校的价值观、信仰和精神,是学校精神风貌和办学特色的集中体现。文化的熏陶和滋养,让师生在学校这个大家庭中感受到了温暖、关爱和归属感。

当学校制度与文化和谐共生时,学校便如同一个充满活力和魅力的生命体,不断焕发出新的生机和活力。在这样的学校中,师生不仅能够获得知识的滋养,更能够在文化的熏陶下,成长为团结、求实、有恒的"昆明人",共同绘制出学校发展的壮丽蓝图。

初中强校工程方案

上海市杨浦区昆明学校第二轮强校工程实验校强校方案

（2023 年 9 月—2026 年 8 月）

前　　言

　　作为区域内一所九年一贯制学校，上海市昆明学校将充分把握参与第二轮强校工程的有利契机，充分运用教育改革发展良好的外部环境，坚持"借助外部引力"和"挖掘内生动力"相结合的战略方针，以打造"质量上乘、校园和谐、特色鲜明"的现代化优质学校为目标，扎实推进学校教师队伍建设这一重点领域工作。为扎实做好第二轮强校工程实验校强校发展相关工作，特制定本校强校工程发展规划。

第一部分　强校工程现状分析

　　学校组织管理健全，管理团队团结奋进，办学价值观指向清晰。学校始终将教师队伍建设作为办学治校的第一资源,有效整合校内外因素,打造教师专业成长有效支持平台。教师队伍整体精气神和专业发展水平持续提升。学校始终将课程教学作为推动学校内涵发展、特色发展的核心工作,课程教学改革的整体态势较好。通过课程教学改革、社团建设、社会实践、家校联动等,为学生全面发展和个性成长提供全面支持。坚持以"为师生创造幸福的工作、学习和生活空间"为主要目标,改善办学条件,校园文化积极向上,环境育人、文化育人的综合育人方式初现成效。

同时,学校也面临发展中的诸多瓶颈问题。顶层设计聚焦不明,教师队伍年龄结构失衡,师资建设面临困境。高质量教师数量短缺。教学常规、德育工作、教师发展等制度建设还需完善。教师队伍年龄偏大导致教学改革推动有困难,教师自我发展和参与学校变革的动力不强。课程架构体系不成熟。课程牵头人员比例低。课程改革中的教师参与度不高。匹配"双新"的教学探索还不够深入。学校特色发展还需加强。学困生尾部人数众多,高阶思维表现较弱,家庭教育差异较大,导致学生学习状态和个体发展差异较大。另外,学校九年一贯的办学优势不明显,办学硬软件需要持续改善,"一体两翼"的特色发展还需加强。

一、学校治理

(一)优势与特色

健全的组织管理。学校围绕九年一贯制的管理体制形成了健全的组织管理机构,设计了涵盖管理、教学、师资、文化等领域的系列制度文件。修订完善学校章程,形成制度汇编,强化落实与执行。

奋进的学校团队。学校按要求加强党组织和干部队伍建设,党员和干部队伍整体活力强、干劲足。目前学校正式的中层干部有8名,轮岗干部有7名。整个干部队伍分工明确,合作和谐,学校有重大活动时能够相互补台,干部队伍整体协同、推动发展的精气神较好。

清晰的价值指向。学校始终坚持以学生发展为本,将学生的全面发展和个性成长作为学校治理的核心价值指向,努力建构德智体美劳全面发展的人才培养体系,探索家校社协同育人机制,科技节、运动会、劳动教育基地等特色育人活动成效初显。学校整体办学质量和社会影响力在不断提升,最近一次绿色指标调查数据显示,家长对学校的满意度达到了90%以上。学校注重对外拓展,积极争取办学资源,区教育局、教育学院的领导关心支持学校发展,学校依托高校、融入社区、多方联动,充分挖掘共建单位资源。学校规划发展的意愿较强,目前学校已经完成了学校五年发展规划和教师三年发展规划的撰写,学校和教师针对杨浦区"十四五"规划,针对教学改革,从学校和个人的角度做了一些适应改革发展的规划。"双新"以来,学校在单元教学、单元作业设计等方面通过教研组、学校教学研讨会等,已经开展了一些讨论和研究。

(二)问题与不足

顶层设计聚焦不明。目前学校对于课程发展、教师发展、学生发展、学校发展等方面都有所涉及和努力,但是发展理念和实际操作依然有点脱节,理想和现实的差距依然存在。同时对于学校核心文化的凝练整合不够,没有形成完整的学校教育哲学体系。

教师队伍建设面临困境。教研组长年纪偏大,很多时候教研组会议都是传达学校精神,教研组活动效果不佳。德育队伍缺乏动力。很多教师不愿意做班主任,把做班主任当成是沉重的身体和心理负担。

教学改革推动困难。很多教师喜欢按照自己一直以来的教学方式上课,不喜欢接受新事物。单元教学计划、单元作业设计、教学反思撰写、课程调研工具学习等都弄过,在做之前也都有之前指导或之后反馈,但是最后大家做出来的效果并不是很理想。

制度建设还需完善。学校有常规的教学和德育工作制度,整个学校新的五年发展规划也有,但是规划的自评制度、教师专业发展规划等还不够具体细致,这也是今后要努力的方向。

特色发展还需加强。学校目前特色是"一体两翼"。"一体"是体育方面,游泳等项目名列前茅,但是体育项目多样,我们能够拿得出手的体育项目并不是很多。"两翼"是信息化和国际理解,特色并没有高于其他学校,所以要在"恒"理念的引领下,有恒前进,打磨学校特色课程群。

二、学生成长

(一)优势与特色

学校始终将学生发展作为办学的根本宗旨,结合学校的生源实际,通过课程教学改革的整体推进,打造德智体美劳全面发展的学校育人体系,为学生的全面发展和个性成长赋能。在人才培养的实践探索中取得了相应的成效。主要表现如下。

学生成长发展的整体支持比较健全。学校通过课程教学改革、社团建设、社会实践、家校联动等,为学生成长发展提供全面支持。学生学业质量水平整体上呈现连年提升的态势,绝大部分学生的学业水平能合格,平时的学业标准达成度基本是在良好以上。人才培养的特色在不断形成,相当一部分学生的特长在学校搭建的平台上得到了发挥,学校是上海市游泳二线队,为具有游泳兴趣和特长的学生提供得天独厚的发展平台,学生也在各种比赛中取得了奖项。这两年的无人机社团等,也在市级和区级奖项中拿奖。

(二)问题与不足

家庭教育差异较大。德育和教学两条线上反馈,我校学生家长参与家庭教育的意识、理念和方法差异较大,很多家长存在没时间管孩子、不想管孩子和管了但孩子不听等情况,家庭教育管教合理有效的比例不高。

学困尾部人数众多。学生学习状态和学业成绩的个体差异性较大,尾部学生群体较大,特别是八年级整体水平不够理想。

学生高阶思维表现较弱。在绿色指标测试中发现,在"学科高层次思维能力"指标上,我校得分 4 分,整体上偏低,而且低于市和区平均水平 5 分。高分段学生比例较低。如何进一步提高学科教学质量,培育学科学习优质学生,依然是我校课程教学改革的重中之重。

三、教师发展

(一)优势与特色

学校始终将教师队伍建设作为办学治校的第一资源,有效整合校内外各种支持因素,通过完善的制度建设、丰富的平台支撑,为教师打造专业发展和有效支持平台。整体上看,学校教师队伍建设尽管基础较弱,但近些年来整体发展势头良好,教师队伍的整体精气神和专业发展水平在持续提升。学校重视教师队伍建设,完善教师专业发展的"师德规范""骨干教师与师徒结对"等管理制度,家长对教师师德状况认可度高。学校积极构建三级课题网络,参与市教委《信息化背景下的课堂教学改革》大课题,参与编写出版《创新能力读本》,提升教师队伍综合素养和专业能力。教师参与教育事务的主动性较好,对学生用心,对教学尽心。从家长、学生和教师的反馈来看,大部分教师对待学生的态度、方法和过程都能做到用心和尽心。从听课和巡视情况来看,大多数教师基本能做到认真备课和上课,完成基本的教学任务,课堂上也能关注到每位学生;教师整体上格局较好,顾全大局,能够积极换位思考,有为学校整体发展努力和付出的积极性。

（二）问题与不足

高质量教师数量短缺。目前学校没有"名校长"，本学期有一名特级教师和一名正高级教师流动到我校，学校教师队伍整体发展的"头羊效应"没有形成。

教师队伍年龄结构失衡。目前学校教师平均年龄是 46 岁，正是上有老下有小、个人职业进入瓶颈期和倦怠期的时候，教师队伍整体年龄结构的老化容易给正常的教育教学活动带来不利影响。

教师自我发展和参与学校变革的动力不强。目前教师队伍 107 人中，只有高级职称教师 4 人，中级职称 58 人，区骨干 1 人，二级教师比例很高，而且很多二级教师年龄偏大，个人专业晋升意愿不强。大多数教师接受新事物慢，比如电子阅卷系统。其他市级、区级和校级教学改革，有些教师的意识还是落在纸上，没有落在行动中。

干群关系不够和谐。中层干部和群众的关系不够融洽，中层干部布置任务时有少数教师会不配合。教师群体分成多个，整个学校一盘棋的整体概念、团结协作观念还有待提高。

四、课程教学

（一）优势与特色

学校始终将课程教学作为推动学校内涵发展、特色发展的核心工作，围绕学生德智体美劳全面发展需要，整合各类课程资源，初步架构了具有学校特色的"育慧"课程体系。注重课程规划和课程实施方案的编制，有效推动国家课程的校本化实施。结合"双新"改革等政策需求，积极推进教学改革与创新，不断提升课堂教学、学科教学的育人水平，课程教学改革的整体态势较好。学校注重课程教学的顶层设计，根据教育改革发展的趋势，坚持守正创新，通过年度课程方案、课程规划的制定不断实现课程教学的优化升级。学校注重"五育并举"融合教育，从德智体美劳每个方面,结合学校特色、学情、项目,开齐开足课程,确保国家课程不折不扣地落实;注重课程教学特色的打造,推进国家课程校本化,围绕学校"有恒"办学理念开发系列化特色校本课程,不断满足学生个性化发展需求。学校积极探索学生学习方式的有效转变,通过教师启发、引领、点拨来激活学习方式,以数字化赋能教学方式变革,探索多元评价。

(二)问题与不足

课程架构体系不成熟。整体上看,学校的课程体系还不够科学、不够独特,学校"有恒"理念在课程中的彰显不充分,课程的知名度和辐射度不够。

课程牵头人员比例低。学校课程中独立作为区级共享的课程只有"软陶",其他课程领衔人几乎没有,参与区级课程的人员也寥寥无几。

课程改革中的教师参与度不高。目前学校"育慧工作坊"的课程项目等,参与的教师占比较低,大部分教师没有参与进来。

匹配"双新"的教学探索还不够深入。教师整体上对于"双新"的理念认知、认同还不够充分,对于项目化、跨学科、单元整体、综合实践等"双新"倡导的新型教学方法掌握还不系统,具有学校特色的"双新"教学路径还需要进一步探索。

五、办学条件

(一)优势与特色

学校始终坚持以"为师生创造幸福的工作、学习和生活空间"为主要目标,充分利用现有资源,不断拓展外部支持,努力改善学校办学的软硬件条件,更充分地发挥学校的综合育人价值。学校办学历史深厚悠久,有较好的历史文化积淀。学校持续加强办学条件建设,建设了区"3D梦幻工厂创新实验室""软陶创新实验室""安全体验室"等专用教室,积极参与区"创智云课堂""创智课程""市数字化背景下的课堂教学变革""国家基础课程校本化实施"项目校的建设,为区第二批"新优质学校"集群发展项目校之一。学校注重校园文化建设,近年来持续投入校园环境改善,建构"学校—学段—年级—班级"联动的文化体系,开展丰富多彩的校园文化活动,充分发挥文化的育人价值。

(二)问题与不足

学校九年一贯的优势不显。学校九年一贯制的贯通发展优势尚未得到完全体现,学校发展整体架构有待加强。从课程建设架构来看,中小学两部在衔接和落实上有割裂,尚未形成完善的1—9年级分年级梯度目标和落实举措,有待进一步梳理、完善、充实和丰富。从制度保障架构来看,各部门制度完善,但在具体推进与落实的过程中,学生、家庭、教师自身等都有诸多问题,有待不断更新、优化。

办学硬件软件需要持续改善。对标师生高质量学校生活的需求,学校的办学条件还有很多改善工作要完成,特别是学校信息化建设、教学和办公条件的改善、学校文化的系统设计和整体打造等,需要久久为功。

第二部分 强校工程整体思路

按照《上海市教育委员会关于实施第二轮公办初中强校工程的通知》(沪教委基[2023]26号)精神,以《上海市昆明学校2022—2026年五年发展规划》为蓝本,立足立德树人,落实"五育并举",借助集团化办学,借助强校工程,借助多元资源,我校设计制定学校的新三年发展目标和具体举措,统筹兼顾学校整体工作,推动学校发展强基固本、守正前行。立足"有恒"办学理念,以"恒进教师"培育为工程抓手,"恒慧课堂"建设为工作基点,"恒毅力课程"实施为发展路径,"恒学少年"塑造,"恒美文化"打造为工作的落脚点,不断探索"恒教育"办学路径,不断拓宽"恒教育"办学思路,强化"恒毅力"的人格培养,来打造让童年永恒、让幸福绵长的"恒"学校。

一、学校教育哲学

学校以"有恒"为办学理念,习恒心、行恒事、求恒远。有恒,意思是有恒心,保持毅力,坚持不懈。《论语·述而》曰:"善人,吾不得而见之矣;得见有恒者,斯可矣。"意思是,善人我是不可能看到了,能见到始终如一保持美好倾向的人,就很幸运了。有恒是做人有恒心、做事有毅力。教育是毅力之源。在一般意义上,教育需要毅力;在终极意义上,教育就是毅力的汇聚,就是恒久的坚守。因此,有恒是教育的境界,教育是恒久的坚守。

恒毅力是一种基础性人格特征。恒毅力是为了实现积极、重大且长远的人生目标与价值,需要付出的巨大激情和坚强毅力。没有激情的坚毅是漫长的苦役,没有坚毅的激情只是一时的澎湃。只有激情和坚持合二为一,贯彻始终,才是所谓的恒毅力。恒毅力是一种基础性、结构化的人格特质,需要从小开始循序渐进地培养。恒毅力的养成使人在漫长的人生旅程中持续地收获成就感、自尊感和幸福感,这种积极的影响与个人所选择的具体行业无关。恒毅力的培养是一个动态持续的过程,"恒教育"是个体在不同成长阶段的必修课程。

值得注意的是,我们所主张的、指向恒毅力培养的"恒教育"并不等同于中国传统文化中的"苦其心志","恒教育"要求用积极和乐观的方式去面对挑战。这种积极的方式可以是积极的对长远目标及人生价值的笃定、积极的自我认知、积极的人际关系,以及积极的情绪和行为管理。这便是"恒教育"的价值追求。"恒教育"既体现了我们对于立德树人"久久为功、孜孜以求"的认知,也体现了对于学校发展"传承历史,守正创新"的价值认同,同时也彰显了我们对教师队伍建设和人才培养的个性化理解。

二、学校发展愿景

"恒教育"是完整教育,倡导科学人文有机统一;"恒教育"是个性教育,张扬生命个性;"恒教育"是创造教育,引领未来发展。面对智能技术时代,我们必须充分认识新技术对教育的推动作用,让每一个学生都能充分享受量身定制的个性化教育服务。"恒教育"是以培养恒毅力为目标,全面深入地开发学生潜在创造力,培养创造型人才的一种新型教育实践范式。"恒教育"的目的不在于促使儿童发展得更快,而应是让他在发展的每一个阶段都获得丰富的生命体验,使他充分地享受生命的每一刻。

我们愿不断优化环境育人力,凝练特色聚焦力,创建有内涵的学校。我们愿不断培育体育传统项目,提升身心健康力,培育有梦想的儿童。我们愿不断激活教育智慧力,打造专业精神家园,成就有情怀的教师。我们愿不断增强质量提升力,打造未来智慧课堂,造就有智慧的管理者。我们期望,每一个孩子都向着未来睁大好奇的眼睛,用积极和乐观的方式去面对挑战,让生命拥有成就未来的恒毅力。我们期望办一所让童年永恒、幸福绵长的学校。

三、学校发展战略

创建有凝聚力、有生命力、有吸引力的学校是我们的办学战略定位。有凝聚力的学校就会团队凝聚力强,师生热情高涨,有源源不断的创新想法,做事认真,持续推动个人目标和共同目标的实现,有反思改进力。有生命力的学校会以文化为统领,有内涵,学校充满生机;以教学为中心,有质量,育人成效卓著,培养创新精神和实践能力,有内涵提升力。有吸引力的学校就会校园环境大气雅致,建筑装饰典雅美观,是学生、教师、家长共同成长的乐园,集科技、艺术和体育于一体,有特色聚焦力。具体操作中我们要把握好以下三个方向。

其一,坚持集群化发展。未来三年,学校将改变过去发展模式中各领域"单打独斗"的局面,强调学校改革发展的整体设计。一方面,借助市东教育集团的资源和力量,整体谋划和推进学校教师队伍改革发展;另一方面,在传统的"一体两翼"

特色基础上,以"五育融合"为指引,协同推进"恒进教师"职业安全感培养工作。

其二,坚持信息化发展。未来三年,学校将充分运用信息技术推动教与学方式的改革创新,特别是利用信息技术带来的数据分析优势,深入开展教学分析与评价,推进个性化教学和针对性帮扶,利用信息技术推进"双新"落实和育人方式转型,提升教师适应未来教学的能力,提升学校对于信息时代教育环境的整体匹配度。

其三,坚持开放化发展。未来三年,学校将进一步加强与相关高校、科研院所和社会机构的合作。坚持开放办学,努力建构更加完善的家、校、社协同育人体系,着力提升学校的现代化治理水平,打造现代化治理格局。为学校特色发展、内涵发展提供更多资源,为教师素养和综合能力的培育拓展更多平台。

四、学校发展目标

我们期望办一所让童年永恒、幸福绵长的学校。具体来讲是优化环境育人力,打造生态绿色学校;凝练特色聚焦力,打造科技特色学校;提升身心健康力,打造体育传统项目;激活教育智慧力,打造专业精神家园;增强质量提升力,打造未来智慧课堂。基于学校现有办学实际,未来三年学校整体发展目标是:以"恒进教师"职业安全感的养成、职业自信心的提升,作为学校强校工程的主任务。整体设计目标与路径,让教师有方向、有方法、有信心、有意愿地胜任"恒美文化"践行者、"恒毅力课程"实施者、"恒慧课堂"组织者、"恒学少年"培养者的角色。以新时代教育家精神凝聚教师专业发展的引领价值,进一步激活教师队伍活力,改善教师职称和年龄结构,着力提升教师适应未来教育的综合能力与素养。

"恒进教师"要具备五项基本技能:指导儿童自主学习的技能、指导儿童探究研究的技能、指导儿童沟通合作的技能、指导儿童评价欣赏的技能、指导儿童感受幸福的技能。"恒进教师"可以通过以下七个发展途径提升专业化水平:反思教学实践,在总结经验中提升;坚持教学相长,在师生交往中发展;尊重同伴教师,在借鉴他人中完善;学习教育理论,在理性认识中夯实;潜心教学研究,在遵循规律中创新;名师导航指引,在感悟名师中提高;专家引领启迪,在专家开悟中升华。

第三部分 强校工程行动计划

未来三年,学校将围绕打造"质量上乘、校园和谐、特色鲜明"的现代化优质学校这一整体发展定位,坚持"有所为,有所不为"的原则,聚焦教师发展的痛点和短板进行持续创新。以"育慧工作坊"龙头课题,引领、撬动学校整体改革发展,持续打造具有区域知名度和影响力的现代化九年一贯制学校。

一、构建"恒美文化"

以"恒美文化"为抓手,提高教师参与学校治理的水平。全面加强学校党建工作,坚持"依法治校、以德立校、人文兴校"学校管理观,发挥教师的主动性和能动性,加强教师对学校治理的参与度,实现"在学校管理中规范办学行为,建设安全、文明的校园;在学校管理中注入活动元素,建设团结、活泼的校园;在学校管理中注入文化因子,建设智慧、多元的校园"的整体追求,为学校各项事业的发展提供全方位保障。

（一）具体举措

1. 目标认同——科学阐释聚焦的教育哲学

在教师问卷调查的基础上,了解教师压力,以"恒"为解决问题的动力,通过教工大会、"三风一训"、学校活动等途径,解读和落实学校办学理念,形成教师认同和共识的价值信仰,把"有恒"办学理念注入每位教师和学生的心中,做人和做事都要有"恒",并且"恒"字还要融入学校的课程建设、课堂改革、教师成长和学生成才等环节中。

2. 评价多元——发现教师成长的每个环节

对标现代学校发展的各项制度和要求，严格规范学校办学的各项机制、规章制度，通过专家指导、教研组研讨，结合学科特征，不断完善学校标准导向类评价、行为导向类评价，把评价的成效落实于有形的行为中。

3. 机制激励——激发教师积极的治理意识

通过理念引领、文化阐释、制度保障等举措，消除教师参与学校治理事务的后顾之忧，为教师参与学校改革发展提供便利，激发教师的主动参与意识。自上而下完善管理机制、岗位聘任机制、绩效考核机制等激励机制，促使教师积极参与学校的教育教学活动，参与各层级的教研活动。

4. 环境优化——着力打造特色的校园文化

以"恒美文化"标识为引领，师生整体设计学校环境、打造校园文化。持续改善学校校园环境，打造一条楼道文化带、一条课程特色廊、一片绿植认养林、一块基地包干区、一个朗读交流亭、一个时空情境园。挖掘阐释"恒美文化"的核心价值，以此为引领，完善学校的制度文化、行为文化、师生文化、精神文化等体系，形成学校文化标识系统。

（二）达成指标

（1）2024 年完善《上海市昆明学校教师专业发展制度》《上海市昆明学校教师课堂评价考核制度》；

（2）2023 年每位教师完成自己的三年规划，学校统一指导后修改；

（3）2024 年中层干部要熟练掌握本部门的制度，在研读制度过程中修改完善制度，提高自己的执行力和管理力；

（4）三年内完成"育慧工作坊"内市级和区级的课题结题；

（5）教研组听课评课，以市和区下发的调研工具和校本工具作为评价指标，以

精准教学作为评价效果,从四个维度磨课、评课,即课时目标有突破、思维培养有训练、个性教学有着力、课堂评价有采集;

(6) 三年内让校园环境焕然一新,开发利用校园的走廊和角落,让校园融文化、教育与美学于一体,提升师生对学校的认同感;

(7) 三年内增加一间环保创新实验室,开展劳动生态教育。

二、打造"恒毅力课程"

以"恒毅力课程"为载体,提升教师的课程开发与实施能力,着眼学生全面发展和个性成长需要。通过课程资源的有效整合,建构彰显"恒"教育理念和学校独特育人价值的课程体系。以国家课程为主体,推动国家课程校本化落地,把地方课程和校本课程作为重要拓展和有益补充,三类课程一体化实施。优化校本课程体系建构,注重课程建设的循证改进,结合学校特色,结合教师特长,结合专家意见,不断修改完善,给学生以新意,力求发挥三类课程不同的育人功能。

(一) 实施举措

1. 教学改革启动——助推"双新""双减"落地落实

紧紧抓住课堂教学改革这一主渠道,推进以学习为中心的课堂教学理念与方式变革,推动新方案、新课标的落实。通过中层干部、教研组长和全体教师三层分级学习,落实"双新"理念,了解项目化学习、跨学科学习、探究式学习等教与学方式的差异,熟悉新课程体系,落实"轻负成长"。同时扎实做好"双减"背景下的课后服务、作业改革等工作。

2. 国家课程带动——构建"五育融合"育人生态

在传统的课程建设与实施基础上,对标德智体美劳全面发展需要,着力强化薄弱领域的课程建设,实现德智体美劳"五育并举"的课程范式。特别是要注重探索德育、美育、体育、劳动教育与其他课程、其他育人样态的融合策略,开展跨教研组、跨课题组的听课活动和教研沙龙,提升学校人才培养特色,发挥课程的综合育人价值。

3. 校本特色驱动——加强劳动教育实践体验

中学部部分教师将以"体验"为切入点、"实践"为突破点、"融入"为关键点、"课程"为着力点,以"恒"为主线,形成"九环成长 劳动恒美"服务式劳动项目,并开拓四条实践途径:劳动体验联合生活实际,引导"发现美";劳动实践聚合责任担当,激发"活力美";劳动教育融合传统文化,发扬"传统美";劳动课程结合有效评价,创造"生活美"。

小学部部分教师将以"小神农本草园"劳动项目为引领,通过"小神农本草园"和"本草体验室",让学生从教室空间走出来,走进地头、靠近展品,识草问药,通过多种感官感知中草药的神奇。初步形成劳动教育课程群由"知行、艺智、乐活"三大类课程组成,探究传统文化与劳动教育的深度融合。

4. 数字科技推动——打造"小初衔接"贯通课程

充分发挥学校办学特色,以课程建设为抓手,积极探索通过课程引领的小学、初中教育有效衔接之道。无人机课程、创新素养课程、劳动教育课程将借助信息技术,创设新的教学环境,改进学生学习;充分利用线上资源,拓宽师生视野;收集大数据,对教与学进行记录,开展基于教学实证、教学效果、学生成长的大数据追踪分析,对学生进行精准评价并提供个性化的改进指导。接下来三年将形成结构性的体系,使得课程衔接、学段衔接更加科学规范。

5. 资源整合调动——推动"一体两翼"特色升级

坚持特色发展战略思维,在原有"一体两翼"特色的基础上,扎实做好软陶、游泳、无人机、戏剧等课程教学和人才培养特色的打造与优化升级,寻找学校特色发展新的增长点。

建好用好跨学科综合实践课程,以嘉年华和艺术节为契机,由班主任、学科教师、综合实践课教师带领每班学生"认领"一个国家,这些国家主要是签署"一带一路"合作倡议的国家,开展对这些国家全方位地了解和宣传,糅合道法、地理、语文、生物和英语等多门学科,开展跨学科综合学习和实践。

坚持开放办学的理念,通过与校外机构、学校、场馆等的合作,进一步拓展学校课程资源,丰富课程供给。走进上海所有图书馆,开展"一馆一介绍""一馆一本书""一馆一活动"等,寻找各个图书馆的特色,在寻访的基础上开展阅读、图书交流活动等。与海军军医大学、同济大学等高校的实验室合作,组织学生在寒暑假走进大学,参加实验室课程,提高学生的创新能力、动手能力和团队合作能力等。充分利用社区资源,学校已经引进了社区的扇面画和绵拳课程,今后可以再引进其他课程,同时也让学生走进社区,参与社区的课程展示,体验课程与实践的结合。

(二)达成指标

(1) 2024年请专家一起搭建学校教学和德育的完整"恒"课程体系,建构相应的课程评价系统。2025年完善和丰富课程系统。2026年通过课程的多样化,让学校的办学特色进一步明显,提升家长和社会的满意度;

(2) 各年级的创新素养班在学期初和学期末都要讨论整合各年级创新素养班的教学内容,形成每个年级每周一节课的内容的关联,形成每个年级之间的关联。每学年结束后各年级资料交换,给下一届用,经过三年修改后,形成创新素养班校本教材;

(3) 借助学校图书馆教师和青年志愿者教师,共同开发校本图书馆课程,把场馆、书籍和活动结合到一起,2025年形成课程雏形;

(4) 三年内构建线上线下微课劳动课程,构建小初劳动教育衔接课程,形成

"岐黄百草轩"立体化劳动教育品牌项目,打造昆明学校的文化根脉;

(5) 2025 年把"一带一路"思政课程打造成校本课程;

(6) 2024 年完善区级共享课程"软陶",请专家指导,申报市级网络课程;

(7) 2023—2026 年无人机课程争取每年都有学生获得市级或国家级奖项。

三、培育"恒慧课堂"

以"恒慧课堂"为基础,增强教师课堂教学管理效能。着眼学生全面发展需要,立足课堂教学主阵地,贯彻落实"五育融合"和新课标精神,在进一步完善学校课程体系、打造学校课程特色的基础上,着力推动教与学方式的变革,持续打造信息技术融入的"智慧课堂",重塑"恒"课堂文化,提升课程教学的育人价值,推动"双新"等政策落实落地,推动教与学的提质增效,为学校内涵发展和品质提升提供最基本的支撑。

(一)实施举措

1. 内力支配

明晰"恒慧课堂"的价值引领,只有"恒"才能达到真正的"慧",从提升课堂的温度、挖掘教学思维的深度、拓展知识的宽度及拔高学生发展的高度入手,提升学校课堂实效。

教师在课堂上要优化教学内容,确保流畅的课堂运行机制和课堂预设生成机制,激发学生的参与热情和主动思考,同时采用多面激励机制、多向互动机制、多元评价机制,引导学生沉浸课堂、沉入情境,鼓励他们主动交流、伙伴互动、质疑思辨。

2. 外力支援

充分利用校内校外平台,面向不同发展基础、发展阶段和发展需求的教师,借助多样化的项目和平台,设计针对性的培养体系和路径。加强校内管理干部教育培训工作,着力打造一批党性强、业务强的管理干部,为学校可持续发展奠定基础。根据学校骨干教师、引领型教师不足的问题,进一步争取资源,通过双名工程、梯队培养等方式补短板、促发展,提升骨干数量,优化教师队伍结构。

(1) 成立"上海市昆明学校强校工程专家委员会"。聘请强校工程指导专家和集团校校长作为委员,在学校规划、规划实施、课程设计、龙头课题等方面加以指导和帮助。

(2) 成立"正高级教师、特级教师名师工作室"。2023 年 9 月,正高级教师牛艳华和特级教师何平到我校流动三年,一是以讲座、师徒共上一堂课等形式加强交流切磋,开展优秀经验辐射;二是以调研工具为手段开展课堂教学诊断,协同推进教学质量;三是以课题指导、作业指导、命题指导等形式开展专业提升,推动校本特色课程发展。

(3) 成立"教研员教学质量评估指导委员会"。邀请各学科教研员每学期盯一个年级,从学情分析、课堂分析、教材分析、学业成绩等维度开展调研、评估和指导。

(4) 参与集团联合培训。从教研、教学、命题、评价等方面与集团中心校商量联合行动,探索集团项目,联合培养学生;发挥课程优势,落实课后服务;探索课程评价,发展学生素养,促使集团校优质资源共建共享。汇聚集团力量,探索贯通培养。鼓励教师参与集团流动,在学中思、在践中悟,通过公开课、教研研讨、参观学习、讲座沙龙等形式,主动学习、组团发展。

(5) 参与兄弟姊妹校之间的交流学习。学校已经与香港道教联合会圆玄学院第一中学结为了姊妹校,与云南玉龙中学结为了兄弟校,引进他们的优质资源,开展线上或线下师生互动,开阔视野,取人之长,充分发挥学校"一体两翼"的特色。

(6) 邀请院士进校园做讲座。陆续邀请各学科的院士进校园,给师生带来学科前沿的信息,开展头脑风暴,并运用到项目化学习中去。

(7) 成立"综合学科专家委员会"。学校劳动教育涉及德育专家、医疗团队等,所以给这些专家颁发聘书,希望能定期指导。

3. 科研支撑

学校把《基于"育慧工作坊"的校本深度教研体系建构与实践研究》作为龙头课题,由各部门主管协同管理,以教研组、年级组为组队形式,围绕"问题链""信息化技术手段应用于课堂教学""单元作业设计""校家社协同育人"等不同的教育教学维度,确定了9个研究分课题,其中有2个已经立项为市级课题、3个立项为区级课题、4个为校级课题,将通过梯队式研修队伍,开展开题研讨、中期评估、结题总结等,过程中通过课题组和教研组相结合的方式、教研组之间相结合的方式、课题组之间相结合的方式开展研讨和竞赛。

4. 教研支持

学校层面:围绕新课标、新方案、新课程、新教材、大单元教学、项目化学习、主题式学习、教学评工具等大板块进行宣传、普及。

针对青年教师,我们开设了"新芽班",每周一上午第四节课开设教学和德育方面的培训,由区骨干和校骨干担任主讲教师。

教研组层面:围绕一学期一主题开展教学研讨,研讨主题由教研组讨论决定,源于教师教学中的真实问题,解决真实情境中的问题,不让教研成为负担。主题之间有关联或层进,形成系列化,这些主题请专家审核后再开展,按照发现问题、解决问题、课堂验证的流程展开研究。每个教研组针对本学科、本年级研究的作业设计资料、命题设计资料、课堂资源资料、单元设计资料等,与其他教研组共建共享。

区级层面:区级培训中目前有学科研修基地、教研组长、骨干教师等专题培训,注重教学实践。校级领导培训包括中青年校长书记培训班、校长"登峰计划"培训班等,注重管理实践。

5. 数据支助

立足学校现有的信息技术建设基础,着眼未来教育、未来课堂的特征,深入推动信息技术与课程、教学、管理、评价的有机融合,打造信息化教学新范式。着力依托信息技术实施教育管理和治理模式的变革,促进教学方式创新、管理流程再造和评价体系重构,构建富有选择、更有个性、更加精准的教育服务体系。特别是要努力提升教师基于信息技术的教学设计、实施和评价能力,培养教师适应信息时代教学的数据素养,真正实现依托信息技术的个性化教学和精准化反思改进。在整体推动教育信息化发展的基础上,着力做好 AI 智慧教研、智慧体育评测等领域工作,力求打造特色,实现数字赋能。

(二)达成指标

(1) 2024 年上半年,举行"双新"背景下的"恒慧课堂"区级公开课,让教师在自我学习、伙伴磨课、专家评课的过程中得到历练和成长;

(2) 三年内至少有 3 位教师在"小荷杯"或"百花杯"课堂教学比赛中获奖项;

(3) 三年内力争特级教师和正高级教师带教的我校 4 位青年教师在教学、比赛中能崭露头角;

(4) 三年内学校内大部分高级教师能参加"双名"工程;

(5) 2023—2026 年每个教研组制定 6 个教研主题,每学期 1 个,围绕主题开展课前预设、单元教学、有效问题、课堂观察、课后评课、专题研讨、试卷命题、试卷分析、教学反思、作业设计、信息应用等,进行有效研讨;

(6) 2023—2026 年采用"领着做,跟着做,学着做"的方式,三年内力争 50% 的教师都能参加至少一项学校"育慧工作坊"课题;

（7）教研、教学、命题等活动中，确保三年内 20％以上的教师能在其中担当一次主讲人；

（8）2025 年学生学业负担明显减轻，学生中考成绩有明显进步。办学活力进一步增强，整体教学质量有所提升；

（9）微信公众号开辟"教学先锋"专栏，每月介绍一位教师事迹，提振士气；

（10）每学年至少有一次"院士进校园"活动，邀请院士给全校师生做学科前沿的报告和讲座。

四、塑造"恒学少年"

以"恒学少年"为指向，提升教师育人品质。秉持"为党育人、为国育才"的价值理念，落实"立德树人"的教育根本任务，在扎实做好课堂教学改革的基础上，充分发挥不同课堂的联动育人价值，整合学校、家庭、社会元素，形成全员、全过程、全方位的"五育融合"的育人体系，着力培养具有"恒学"品质的优秀学子，塑造学校人才培养特质，提升学校人才培养质量，形成"高质量课程教学—高素质人才培养—高水平学校发展"的良性循环。

（一）实施举措

1. 育人方式转化

以社会主义核心价值观统领学校人才培养，扎实推进习近平新时代中国特色社会主义思想和党的二十大精神"三进"活动，着力提升学生的爱国主义情怀、合理人生观、价值观和良好道德修养，引导中小学生结合自身实际领悟新精神，贯彻新理念，主动讲好中国故事，提升思想境界。

（1）切实加强党建，党建带领团建。全面贯彻落实习近平新时代中国特色社会主义思想，落实新时代加强中小学党建工作的相关要求，探索创新党组织领导的校长负责制的具体实践方式。加强党建、团建工作融入学生工作的有效机制，打造符合学校实际的党建工作品牌,提升学校在党建工作中的整体影响力。

(2) 坚持立德树人,完善德育体系。整体谋划学校德育工作,整合校内外资源,形成匹配"恒"文化特质的德育工作体系。贯彻落实"大思政"工作理念,充分发挥课程、教学、活动的德育价值,探索中小学课堂推动课程思政、学科德育改革的有效方式,形成具有区域知名度和影响力的实践案例。着力提升教师的育德意识和育德能力,建构"三全育人"整体格局,全面支撑学生健康成长。

(3) 密切家校合作,强化幸福指标。在绿色指标测试中,九年级学生家长反映"学校时常邀请家长参与学校活动"是"非常符合""比较符合"事实的比例,全区是85.2%,我校是80.8%,基于此,今后每学期开学初,我们会罗列出学校的教育教学活动,并且确定好哪些内容是可以邀请家长参与、协助或帮忙的,一是充分利用家长资源,发挥众人拾柴火焰高的效果,二是满足家长的参与热情,发挥他们的责任意识,三是增强家校理解和信任。

2. *教学方式进化*

转变学习方式,拓展学习边界。学生学习由被动到主动、由个人到合作、由课堂到课外、由校内到校外,学习的地点和方式发生了转变,打破学习的边界。

转变教学方式,促进教师创新。教师的教由单篇到单元、由书面到实践、由文字到情境、由独讲到群讲,教学的方式更注重培养学生的主观参与能力、思维探索能力、语言建构能力、文化传承能力等。

(1) 注重教学质量,提升收获指数。加强学生成长跟踪,从2023年9月份入学的学生开始,从进校到出校,我们将借助信息系统,建立每个人的成长档案,档案里包含测验、获奖等个人信息,毕业时生成一张个人成长轨迹图给学生,作为他们的毕业礼物。

(2) 重视学生特长,搭建施展平台。新进来的学生填写一张电子入学调研表,里面详细填写自己的特长、愿望,以及对新学校的期待,我们会通过数据统计出整个年级的情况和学生个人情况,为学生开设他们喜欢的课程,为他们创设适合他们的竞赛和活动,学校的各种节日为他们搭建施展的舞台,和他们一起完成他们的梦想和愿望。

(3) 关心学生心理,确保身心健康。学校的正高级流动教师牛艳华是心理老师,除了带教外,她还会开设学生、教师和家长的心理辅导讲座等,我们也会和她制定年度计划,开展系统的心理辅导,收集个别的心理案例,疏导家长和学生的心理问题,提升教师心理辅导的整体水平。

(4) 关爱特殊学生,关注随班就读。本学期对于随班就读学生,我们在资源教室的建设上又增添了乐高墙等内容,目前随班就读工作有条不紊地开展着,但是这块工作并没有形成特色,所以接下来我们也会思考随班就读的四年规划,从个别辅导、思维锻炼、亲子活动等层面,加强对随班就读学生的关心和帮助,让他们能够在八年级的复测中有明显进步。

3. 评价方式变化

开展数字监控,做到因材施教。数字监控落实在学生学习的方方面面:一是作业分层,学校引进了英语听说系统和阅卷系统,这些为了解学生、布置分层作业提供了充分的数据依据;二是课后服务选课系统,可以根据学生的兴趣特长设课、帮助选课;三是体育学科中根据操场智慧测评,确定每个学生的运动量和体质状况,及时督促和调整运动量;四是心理记录跟踪系统,了解学生心理状况的变化,及时进行个别辅导和交流,舒缓学生情绪,稳定学习和生活状态。

(二)达成指标

(1)橱窗、大屏、公众号等对外窗口,每月表彰"学习之星""运动之星""志愿之

星"等学生典范,树立正能量,争做排头兵;

（2）每一年学校利用数据系统给学生生成一张成长单,里面包含学习、德育等多方面学生成长轨迹;

（3）切实落实好每年一次的家长开放日;

（4）每学期学校各部门罗列出一学期的活动内容,标注出家长志愿者的活动项目,及时沟通联系,利用家校资源开展一些工作;

（5）特级教师、正高级教师和所带的徒弟们做好每一学期的资料整理,形成果集。

第四部分　强校工程实施的保障措施

一、组织保障

学校成立以校长为组长,书记、副校长为副组长,德育主任、教导主任、总务主任为组员的"强校工程规划实施领导小组",全面负责规划的顶层设计的架构、规划的起草、规划的意见征询、规划的专家论证,以及经教代会审议通过后的规划的实施、中期自评、督导评估等。

二、管理保障

树立"管理即服务"的观念,定期邀请有关领导、专家,协同学校各部门召开学校发展研讨会,建立动态的管理制度。

三、制度保障

建设"强校工程三年管理制度",建立区教育局、学校师生、家长社区等多渠道的监督机制,全面加强党对学校三年强校发展规划的领导,充分发挥学校党组织在学校发展中的核心作用,充分发挥教职工、教代会代表作用,在充分听取规划修改意见的基础上,提高学校重大决策的民主化程度与科学化水平。

四、政策保障

上海市教委和杨浦教育局重点支持"实验校"内涵建设,支持"实验校"进行课程教学改革、师资队伍培养、特色建设及相关配套设备添置等。

五、社会保障

学校会定期总结工作推进情况,开展多种形式的交流展示活动。邀请社区、家长和其他协助学校发展的医疗、体育部门,参与学校强校工程的建设,了解目标规划,形成理解、支持学校实施"强校工程"的良好氛围。

六、资金保障

学校力争上级部门的支持,加大资金投入,保障教师培训、科研、课程改革及特色建设等各项工作的顺利开展。

让我们一如既往地坚持

历时二百五十三天,《做精神澄澈的教师》一书终于定稿。

感谢于漪老师为本书写的《与老师们共勉》,它不断激励着我坚持写下去直至完成书稿。感谢苏忱教授为本书作的序,让我感受到辛勤付出后收获幸福,同时找到了接续工作而要努力的方向。感谢杨四耕教授的精心指导,一路相伴。他幽默的语言、犀利的点评、扎实的文字功底、严谨的工作态度,给我留下了深刻而又难忘的印象。本书经过二百多天高强度的工作,不停地磨稿,不断地改稿,终于迎来了今天的成果。除了书稿,我收获更多。

编撰此书的初心是想表达对于漪老师的敬意,更想倡导全校教师以于老师为榜样,学习她"一辈子做教师,一辈子学做教师"的敬业态度,学习她持之以恒为教育事业奉献智慧和才干的崇高精神。我学习、挖掘、遴选了大量资料,从师德建设、课程设计、教学实践、育人方式、课题研究、学校管理六个方面回顾了学校的办学历程,梳理了办学成果和办学举措。同时,编撰的过程也再一次丰富了我们的办学理念,提升了学校的办学文化,进一步设计和完善了教改思路和相应举措。编撰的过程是反思,是学习,是成长。

目前,新一轮义务制教育阶段新课程、新教材的改革工作已全面落地,它给现有教育带来了全新的挑战,也为学校发展提供了崭新的机遇。未来道路上我们一定会碰到各种各样的困难,但无论遇到什么问题,解决问题的关键都在教师。因此,师资队伍建设是学校的基础工作,努力培养造就一支师德高尚、业务精湛、结构合理、充满活力的高素质专业化教师队伍是强校工程的应有要义。做一名精神澄澈的教师,拥有扎实的知识功底、过硬的教学能力、勤勉的教学态度、科学的教学方法应成为每一位"昆明人"的终身事业追求。只要我们始终坚定"习恒心、行恒事、求恒远"的办学旨趣,坚持倡导科学人文有机统一,张扬生命个性,鼓励创新创造的办学方向,秉承塑造每一个孩子都有坚持到底的毅力的办学使命,就一定能办成一所让童年永恒、让幸福绵长的高质量的未来之校。

让我们一如既往地坚持吧……

上海市昆明学校校长　娄斐

2024 年 7 月 15 日

"品质课程"阅读书目

学校整体课程规划 18 问
学校整体课程规划的七个关键
学校整体课程规划

课程治理现代化丛书

阳光阅读的校本设计与特色创建
CIM 课程：创客教育的要素设计与实践探索
高品质学校课程体系
个性化学校课程体系
家校共育的 20 个实践模式
进阶式生涯教育
跨学科学习创意设计
美术特色课程设计与实施
体育，让儿童嗨起来：悦动体育课程的设计与实施
小剧场学校：激活戏剧课程的育人价值
小课题探究：激活学习方式
小切口课程设计：劳动教育的创意实施

新质课程文化丛书

实践性学习的七重逻辑
面向每一个生命的课程
多模态学科实践
大规模因材施教的课程模式
为未来而学：未来课程的校本建构与深度实施
面向每一个学习者的课程设计
可感的学习经历：习性教育课程体系探索
单元课程要素统整与深度实施
具身学习与课程育人
把学生放在心上：学校课程变革之道

课程治理新范式丛书

以学生为中心的教育治理
实践型学科课程设计与实施
共享式课程治理：集团化办学的课程治理方略
高具身性课程实施：路径、策略与方法

特色学校聚焦丛书

让个性自然发荣滋长："引发教育"的理论寻源与实践探索
面向每一个生命的教育
让每一个生命澄澈明亮："小水滴"课程的旨趣与创意
新劳动教育：时代意蕴与实践创新
自信教育与个性生长
好学校的精神特质
教育，让个性舒展："有氧教育"的模样与姿态
唤醒教育：触发生命的感动
生命的颜色与教育的意蕴

特色课程建设丛书

幼儿园特色课程的框架与实施
课程是鲜活的："大视野课程"的旨趣与活性
指向核心素养培育的学校课程图谱
让儿童生活在美的世界里：幼儿园全景美育的课程探索
核心素养与学习需求：学校课程建设导引
儿童自然探索课程
幼儿园视觉艺术创意活动设计与实施
连续性课程：特色课程发展的实践探索

课堂教学新样态丛书

课堂，与美最近的距离：基于学科核心素养的课堂教学变革
协同教学：意蕴与智慧
决胜课堂 28 招
一百个孩子，一百个世界：基于差异的教学变革
课堂如诗："雅美课堂"的姿态
在教室里眺望世界：基于 BYOD 的教学方式变革
课堂教学的资源设计与方式变革
境脉教学的实践范式与创意设计
任务驱动与学科实践
课堂教学的智慧属性与意义增值："灵动课堂"的六个关键词

"一校一策"课程体系建设丛书

课程坐标及其应用：教师专业视角